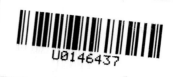

# 名家集字写春联
## 楷书



余德泉 主编
赵 帅 编

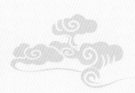

河南美术出版社
·郑州·

**图书在版编目（CIP）数据**

名家集字写春联．楷书／余德泉主编．—郑州：河南美术出版社，2019.11
ISBN 978-7-5401-4878-2

Ⅰ．①名… Ⅱ．①余… Ⅲ．①楷书–法书–作品集–中国–现代 Ⅳ．①J292.28

中国版本图书馆CIP数据核字（2019）第214822号

**名家集字写春联·楷书**

主　　编　余德泉

---

编　　者　赵　帅
责任编辑　白立献　赵　帅
责任校对　管明锐
装帧设计　张国友
出版发行　河南美术出版社
地　　址　郑州市郑东新区祥盛街27号　邮编：450000
电　　话　（0371）65788152
印　　刷　郑州印之星印务有限公司
开　　本　787mm×1092mm　1/12
印　　张　8
字　　数　43千字
印　　数　0001–3000册
版　　次　2019年11月第1版
印　　次　2019年11月第1次印刷
书　　号　ISBN 978-7-5401-4878-2
定　　价　38.00元

# 出版说明

宋代诗人王安石在《元日》中写道：『爆竹声中一岁除，春风送暖入屠苏。千门万户曈曈日，总把新桃换旧符。』对联作为一种独特的文学艺术形式，在我国有着悠久的历史。它从五代十国时期开始，发展到今天已经有一千多年了。尤其是在清代乾隆、嘉庆、道光时期，对联犹如盛唐的律诗一样兴盛，出现了不少脍炙人口的名联佳对。它以工整、对偶、简洁、巧妙的文字，用书法艺术的形式抒发美好愿望。

春联是我国最常用的对联形式之一。每逢春节，家家户户张贴春联用以祈福驱邪，祈盼来年五谷丰登、平安吉祥。大红的春联为春节增添了喜庆气氛，并成为过春节必不可少的年俗形式之一。时至今日，春联更是焕发出历久弥新的巨大生命力，这不仅仅是因为春联的文字内容蕴含着我国深厚而悠久的文化底蕴，还因为撰写春联的书法艺术形式所展现出来的巨大魅力，深受人们的喜爱。目前，市场上的春联类书籍较多，但基本上是以资料性为主的工具书，而兼具书法艺术性的实用春联书籍还不多见，鉴于此，河南美术出版社编辑出版了此套『名家集字写春联』书法集字系列丛书。

该丛书具有以下几个特点：

一是以楷书、行书、隶书、草书、篆书五种书体书写。每本字帖均精选春联及横批近百副，内容广泛，形式多样。范字皆选自历代书法名家经典碑帖，具有典型性、代表性，是揣摩、学习、品赏春联书法艺术的最优选择之一。该丛书所选用的书法字体不囿于一家一派，而是更注重其艺术性，在风格上力求统一与协调，结构端正匀称、字姿优美潇洒、用笔圆润灵秀、布局密中有疏，使人们感到每一副春联都是一件难得的艺术佳作。该丛书以楷、行、隶、草、篆五体分别成书，便于读者按需购买。

二是完全按照春联的格式进行编排，套红印刷，每副春联都有横批和释文相对应，便于读者临写和欣赏。

三是版式设计采用十二开本，设计新颖，美观大方，便于携带。

四是在春联内容的选择上，主要以常用的七字春联为主，还包括一些生肖春联，实用性较强。

五是在每册之后，更有近百副精选春联，其中有些为新时代春联，新题材，新内容，紧跟时代主题，还有一些是与我们生活中多个行业相关的主题春联，以便读者参考。相信该丛书一定能成为广大书法爱好者学习书法和书写春联的得力助手。

# 目录

| 序号 | 上联 | 下联 | 横批 |
|---|---|---|---|
| 41 | 万物当春日生长 | 崇山映水风清和 | 春满九州 |
| 42 | 座揽清辉万川月 | 胸涵和气四时春 | 三阳开泰 |
| 43 | 知足四时居乐境 | 宽怀到处遇春风 | 花好月圆 |
| 44 | 雨洒庭竹图书润 | 风过玉枝笔砚香 | 春满九州 |
| 45 | 勤劳人创千秋业 | 幸福花开万里香 | 春色满园 |
| 46 | 千家爆竹辞旧岁 | 万户灯火迎新春 | 国泰民安 |
| 47 | 人财两旺生活美 | 福寿双全日月新 | 辞旧迎新 |
| 48 | 猪肥膘厚财恒足 | 家富人勤寿永康 | 五福盈门 |
| 49 | 千联齐颂丰收景 | 四海同歌盛世情 | 春满人间 |
| 50 | 勤劳人家春永驻 | 幸福门庭富水长 | 福星高照 |
| 51 | 年新满目丰收景 | 世盛盈门幸福歌 | 国泰民安 |
| 52 | 门庭春暖生光彩 | 田亩年丰乐新春 | 辞旧迎新 |
| 53 | 门迎紫气迎新富 | 室满春光奔小康 | 春色满园 |
| 54 | 荣华富贵喜盈门 | 福寿康宁春满园 | 春风化雨 |
| 55 | 人寿年丰祥气盛 | 民康物阜景光新 | 五福临门 |
| 56 | 千家富裕民安泰 | 百业兴隆国盛昌 | 福星高照 |
| 57 | 盛世欢歌乐十亿 | 丰年美酒醉长春 | 辞旧迎新 |
| 58 | 物华天宝长安乐 | 人寿年丰益祥瑞 | 福寿康宁 |
| 59 | 春风化雨国康泰 | 瑞雪祥云岁月新 | 春满人间 |
| 60 | 时逢盛世千家盛 | 节序新春万象新 | 五福盈门 |
| 61 | 爆竹传吉语 | 红梅报新春 | 春色满园 |
| 62 | 阳春开物象 | 丽日映新天 | 春和景明 |
| 63 | 凤鸣高阁迎祥瑞 | 燕唱玉堂报福多 | 吉祥如意 |
| 64 | 龙腾盛世人间景 | 鸟语满园天地春 | 纳福迎祥 |
| 65 | 五湖四海春光好 | 万水千山景色新 | 三阳开泰 |
| 66 | 神州有天皆丽日 | 祖国无处不春风 | 万事亨通 |
| 67 | 锦绣河山遍地画 | 幸福生活满园诗 | 紫气东来 |
| 68 | 一年好景同春到 | 四季财源顺时来 | 招财进宝 |
| 69 | 东来紫气西来福 | 南进祥光北进财 | 龙马精神 |
| 70 | 山清水秀风光美 | 人寿年丰喜事多 | 万事如意 |
| 71 | 财发如春多得意 | 福来似海正逢时 | 纳福迎祥 |
| 72 | 日丽风和春浩荡 | 花香鸟语物昭苏 | 春和景明 |
| 73 | 海纳百川呈祥瑞 | 天开万里溢春风 | 吉祥如意 |
| 74 | 江山似锦呈异彩 | 大地皆春尽朝辉 | 紫气东来 |
| 75 | 天增岁月人增寿 | 春满乾坤福满门 | 四季平安 |
| 76 | 迎新春万事如意 | 贺佳节百业兴隆 | 三阳开泰 |
| 77 | 九州进宝金铺地 | 四海来财富盈门 | 万事亨通 |
| 78 | 春意犹融文明意 | 花香更带翰墨香 | 龙马精神 |
| 79 | 春明景丽前程美 | 人寿年丰喜事多 | 纳福迎祥 |
| 80 | 春涵瑞气笼和宅 | 月拥祥云护福门 | 迎春接福 |
| 81 | 龙马精神壮四海 | 风云气象会三春 | 纳福迎祥 |
| 82 | 富贵双全人如意 | 财喜两旺家和兴 | 四季平安 |
| 83 | 三阳开泰财源广 | 六和荣春生意兴 | 万事亨通 |
| 84 | 春归华夏风云壮 | 佳岁平安福满堂 | 迎春接福 |
| 85 | 国逢安定百事好 | 时值芳春万象新 | 万事亨通 |
| 86 | 附：常用春联集萃 | | |

喜迎新春

國强家永富

心善事多成

喜迎新春

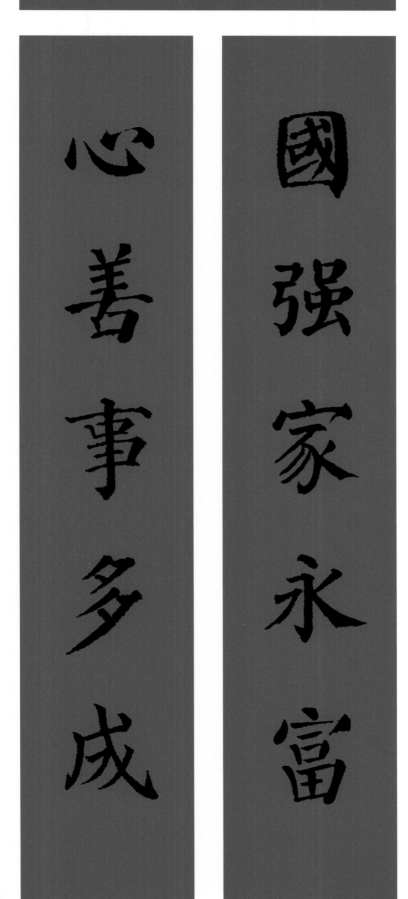

国强家永富

心善事多成

春滿人間

日朗春常在

國安福永綿

春满人间

日朗春常在

国安福永绵

國泰民安

国泰民安

千秋歲月千秋業

萬里江山萬里春

千秋岁月千秋业

万里江山万里春

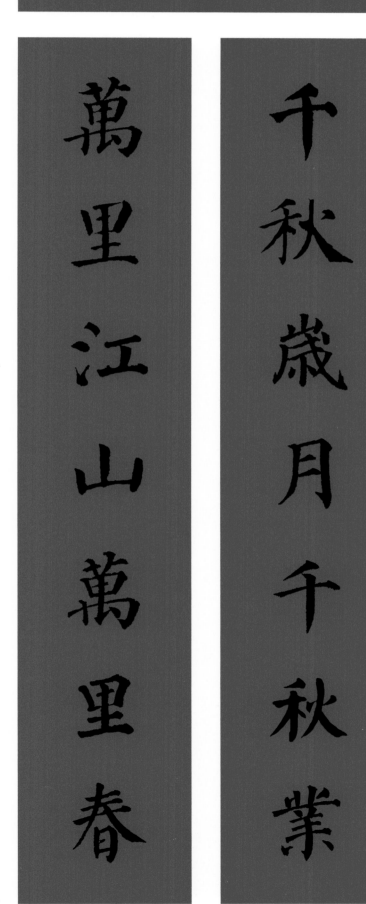

江山如畫

四時美景從今始

萬戶春風此後多

江山如画

四时美景从今始

万户春风此后多

春滿九州

春風化雨千山秀

麗日祥雲四海平

春满九州

春风化雨千山秀

丽日祥云四海平

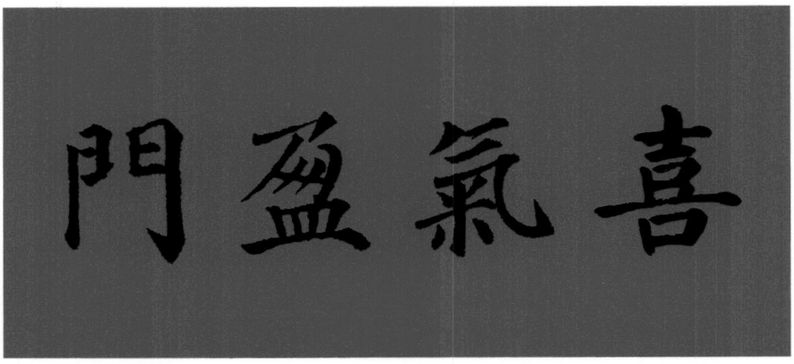


喜气盈门

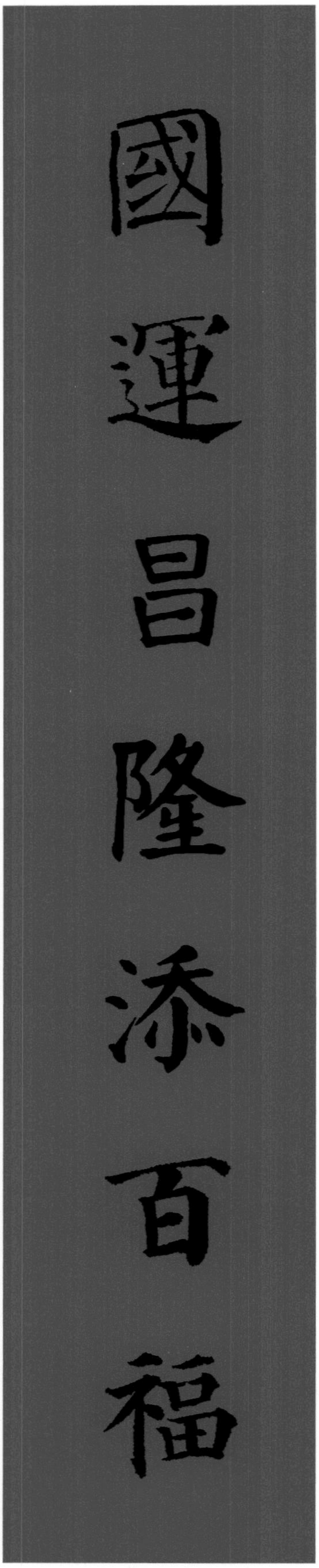


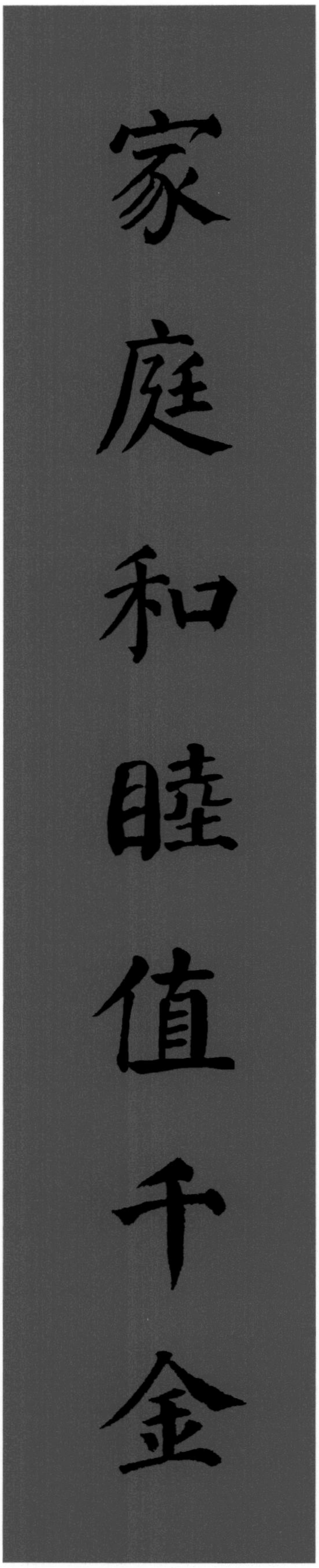


国运昌隆添百福
家庭和睦值千金

財源廣進

财源广进

喜降德門年稱意

春臨福地歲平安

喜降德门年称意
春临福地岁平安

春滿人間

春满人间

水色山光春萬里

花香鳥鳴樂九州

水色山光春万里
花香鸟鸣乐九州

萬象更新

春歸大地人間暖

福降神州喜臨門

万象更新

春归大地人间暖

福降神州喜临门

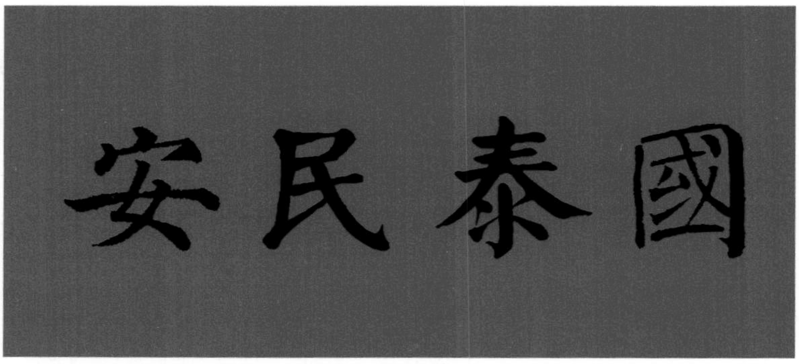


国泰民安

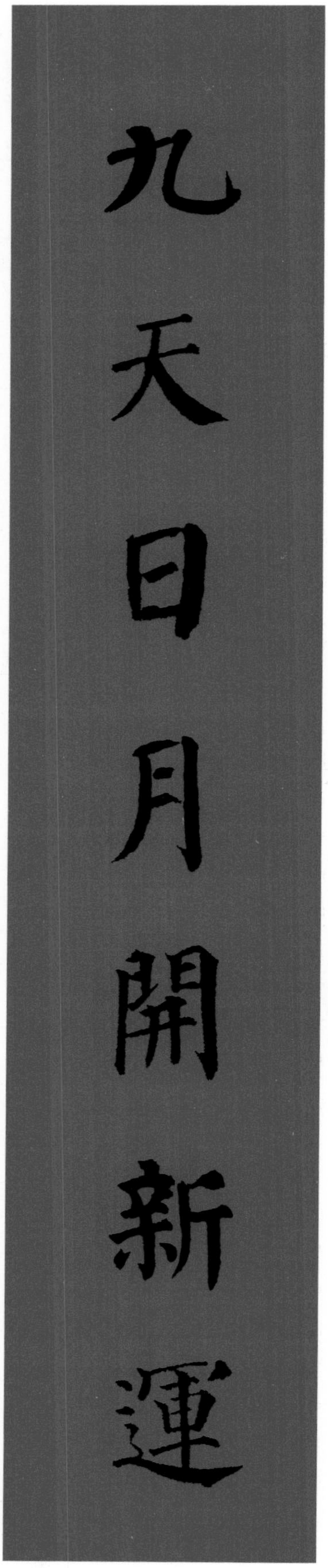


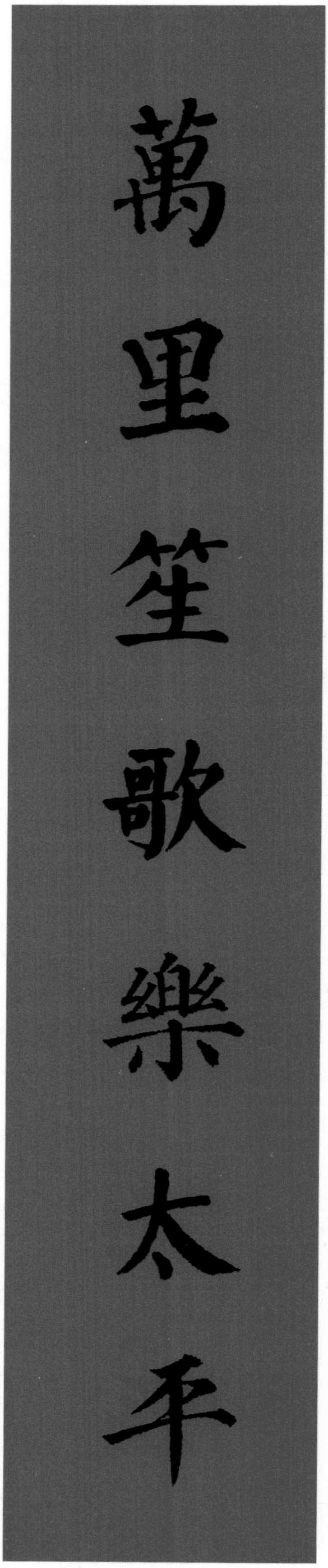


九天日月开新运
万里笙歌乐太平

瑞氣盈門

瑞气盈门

天增歲月人增壽

春滿乾坤福滿門

天增岁月人增寿

春满乾坤福满门

萬象更新

万象更新

瑞氣呈祥舒萬物

財源有路富千家

瑞气呈祥舒万物

财源有路富千家

江山如畫

江山如画

入戶和風增瑞氣

臨門旭日發春輝

入户和风增瑞气

临门旭日发春辉

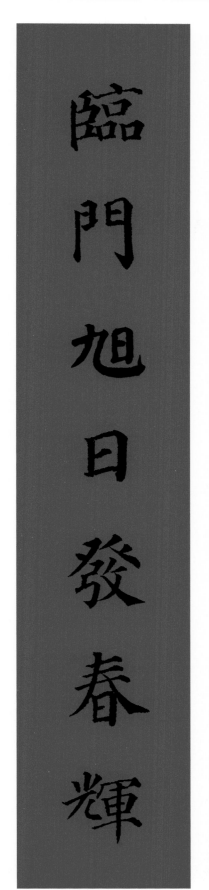

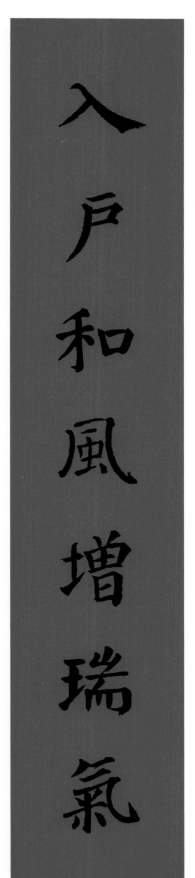

江山如畫

江山如画

人和政善千家福

民富國强四海春

人和政善千家福

民富国强四海春

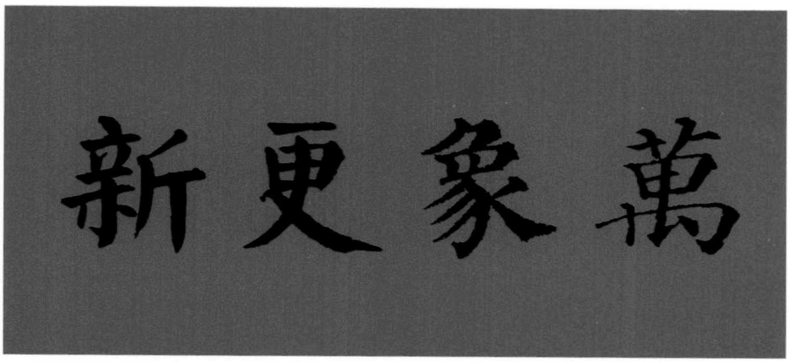


万象更新

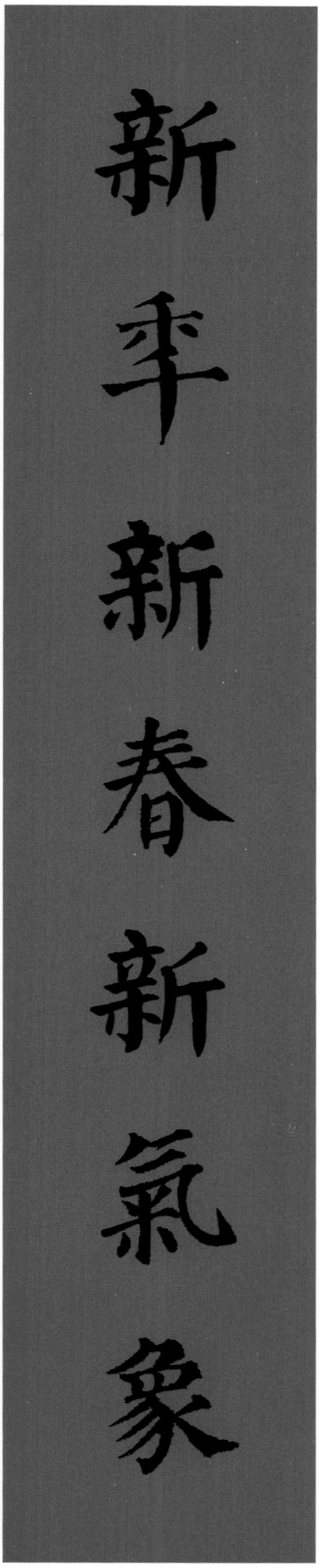


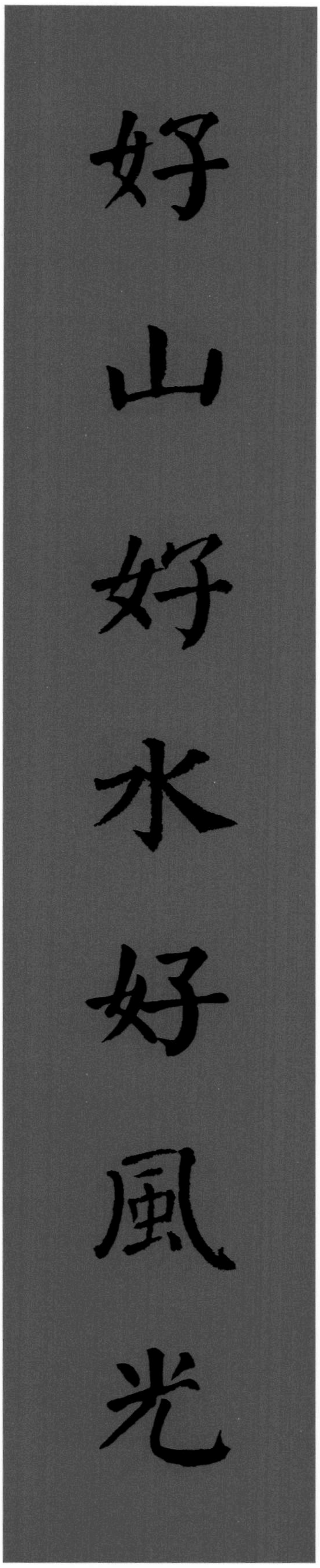


新年新春新气象
好山好水好风光

喜氣盈門

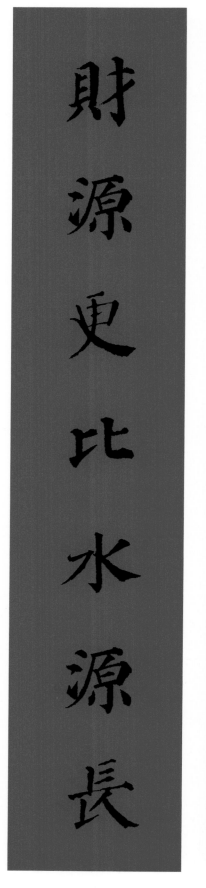

生意如同春意美

財源更比水源長

喜气盈门

生意如同春意美

财源更比水源长

招財進寶

招财进宝

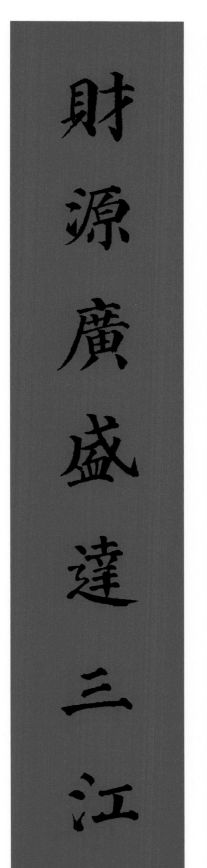

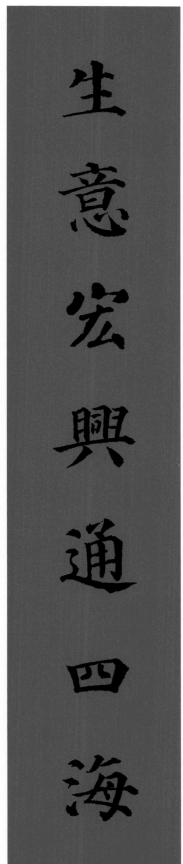

生意宏興通四海

財源廣盛達三江

生意宏兴通四海

财源广盛达三江

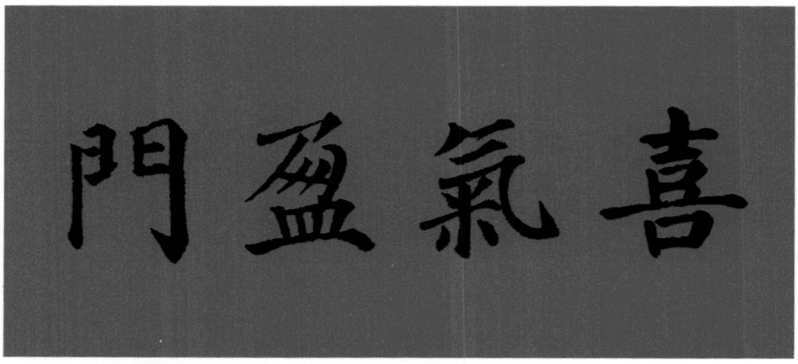


喜气盈门

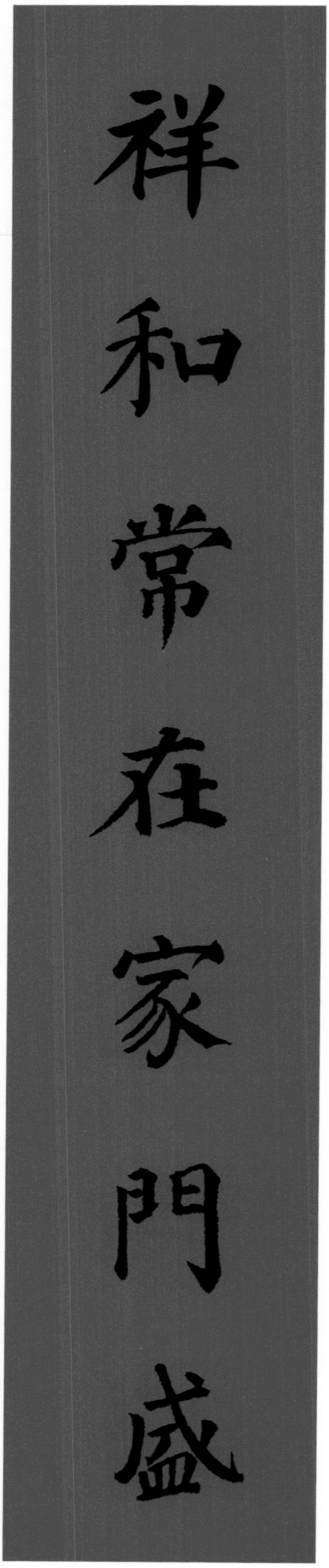


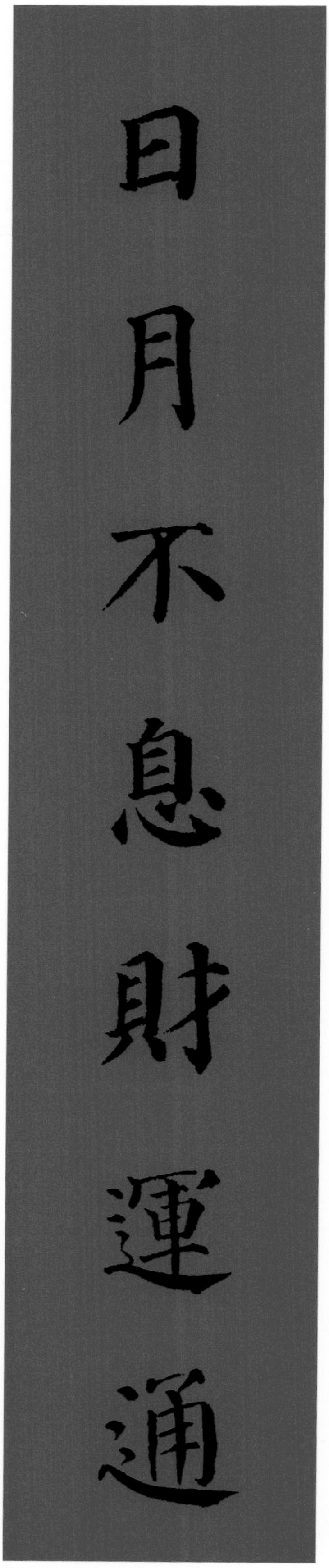


祥和常在家门盛
日月不息财运通

瑞氣盈門

瑞气盈门

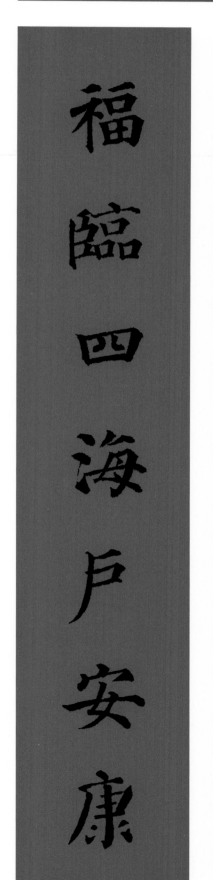

財發如春家富有

福臨四海戶安康

财发如春家富有

福临四海户安康

春滿人間

錦綉河山呈瑞彩

和祥生活醉春風

春满人间

锦绣河山呈瑞彩

和祥生活醉春风

萬象更新

盛世春風頻入戶

人間日照總盈門

万象更新

盛世春风频入户

人间日照总盈门

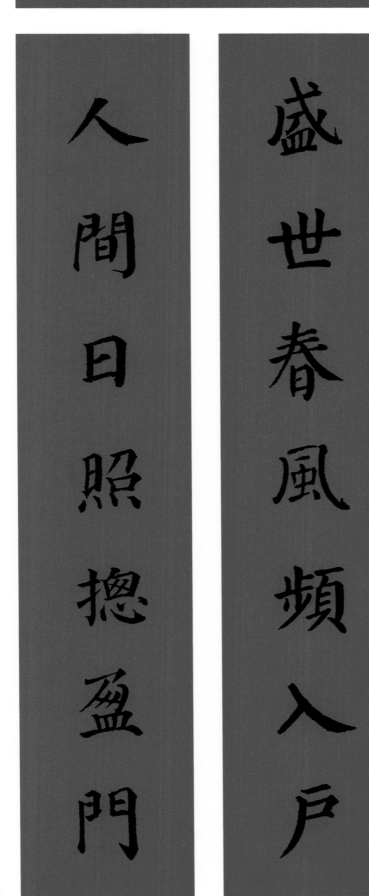

喜迎新春

祥和春满昇平里

幸福人居順景中

喜迎新春

祥和春满升平里

幸福人居顺景中

喜氣盈門

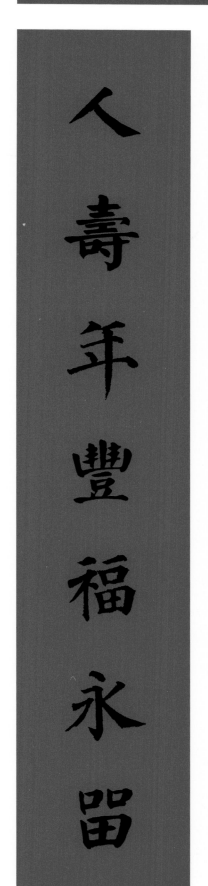

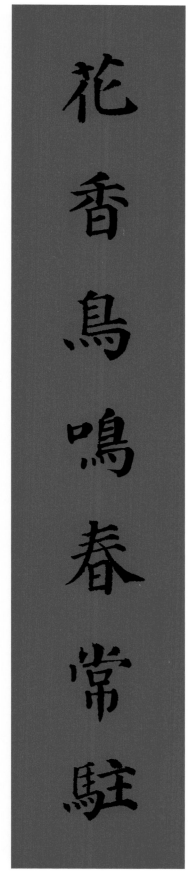

花香鳥鳴春常駐

人壽年豐福永留

喜气盈门

花香鸟鸣春常驻
人寿年丰福永留

江山如畫

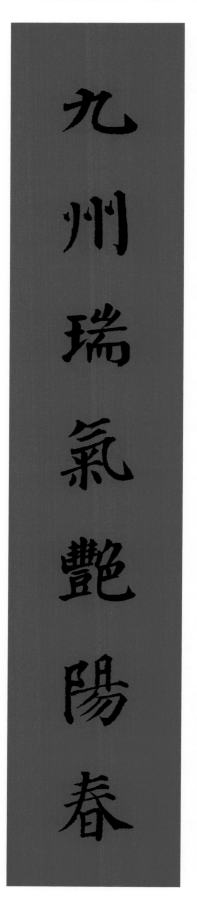

江山如画

四海祥雲豐收景

九州瑞氣豔陽春

四海祥云丰收景
九州瑞气艳阳春

瑞氣盈門

新春美景花滿地

佳節良辰酒更香

瑞气盈门

新春美景花满地
佳节良辰酒更香

國泰民安

春至紅梅香萬樹

新歲爆竹響千門

国泰民安

春至红梅香万树

新岁爆竹响千门

吉星高照

吉星高照

春光滿園增祥瑞

喜氣盈門添福康

春光满园增祥瑞
喜气盈门添福康

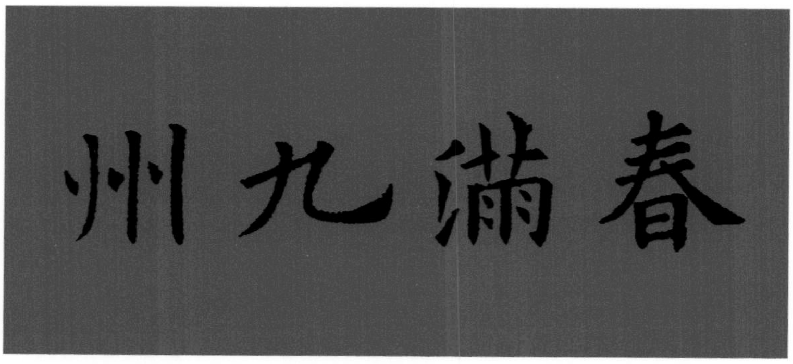


春满九州

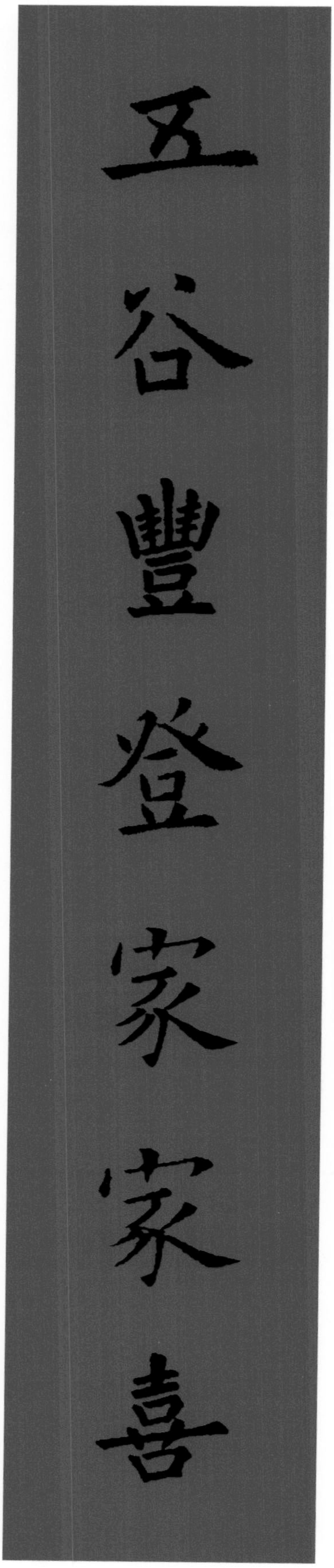


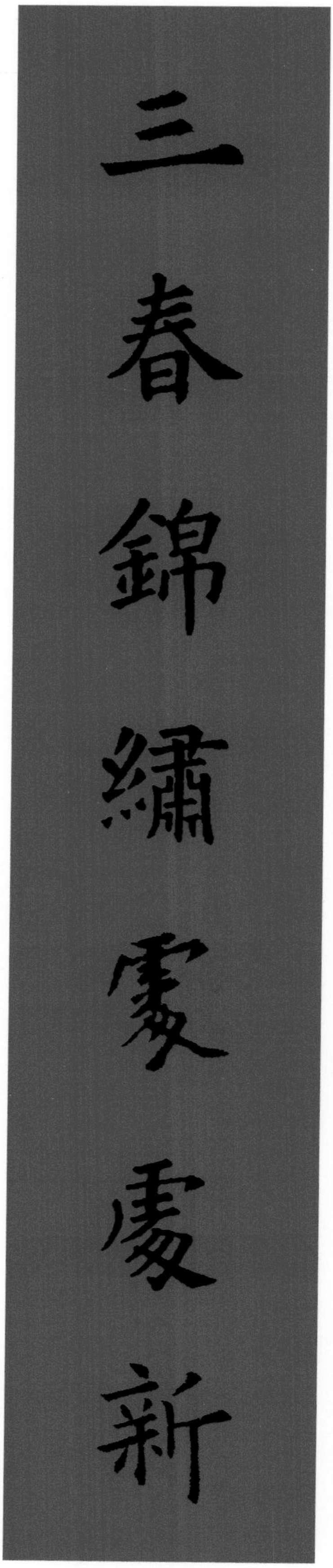


五谷丰登家家喜
三春锦绣处处新

花好月圓

花好月圆

三星在戶財源廣

五福臨門家道興

三星在户财源广
五福临门家道兴

四季平安

一展宏啚九州麗

八方瑞氣五谷豐

四季平安

一展宏图九州丽
八方瑞气五谷丰

三陽開泰

三阳开泰

春迴大地千山秀

福降人間萬年豐

春回大地千山秀
福降人间万年丰

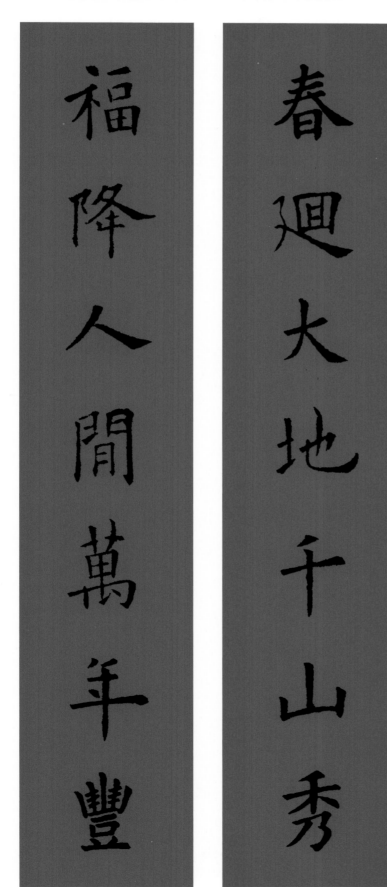

國泰民安

国泰民安

五谷豐登千戶樂

百業興旺萬家歡

五谷丰登千户乐
百业兴旺万家欢

知足常樂

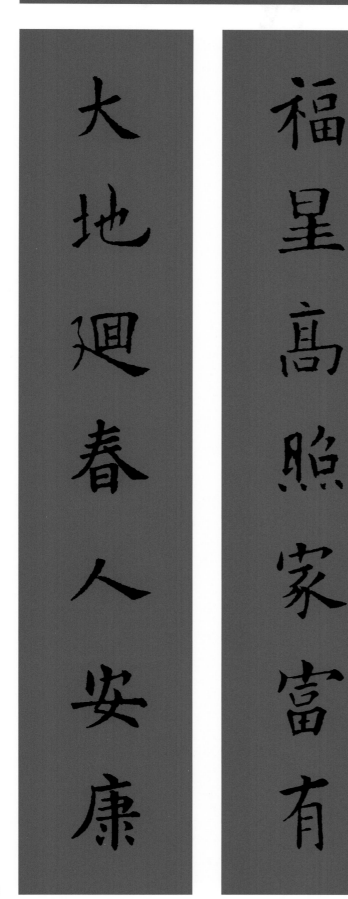

知足常乐

福星高照家富有

大地迴春人安康

福星高照家富有
大地回春人安康

五福臨門

五福临门

舉目看花花滿目

出門見喜喜盈門

举目看花花满目
出门见喜喜盈门

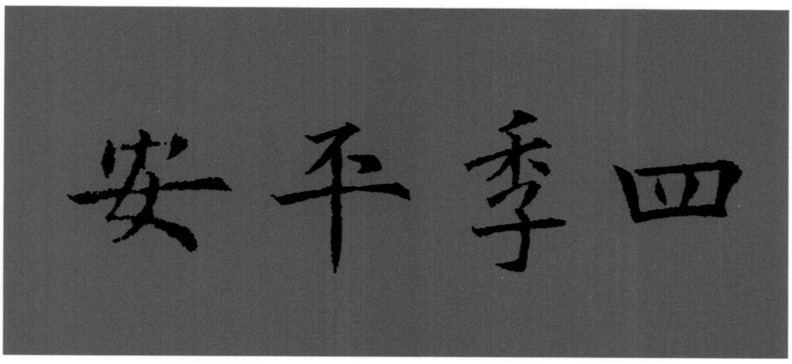


四季平安

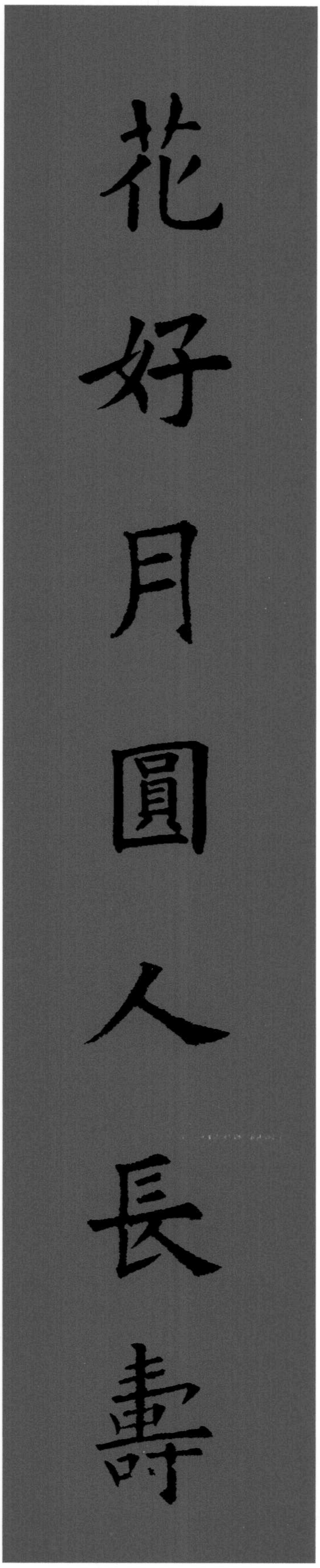


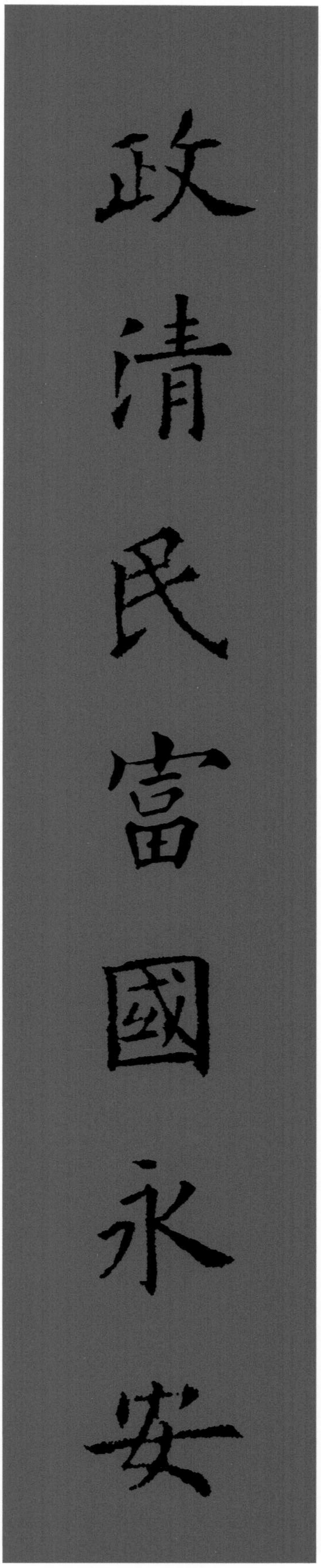


花好月圆人长寿
政清民富国永安

春滿九州

爆竹聲中辭舊歲

梅花香里報新春

春满九州

爆竹声中辞旧岁

梅花香里报新春

吉星高照

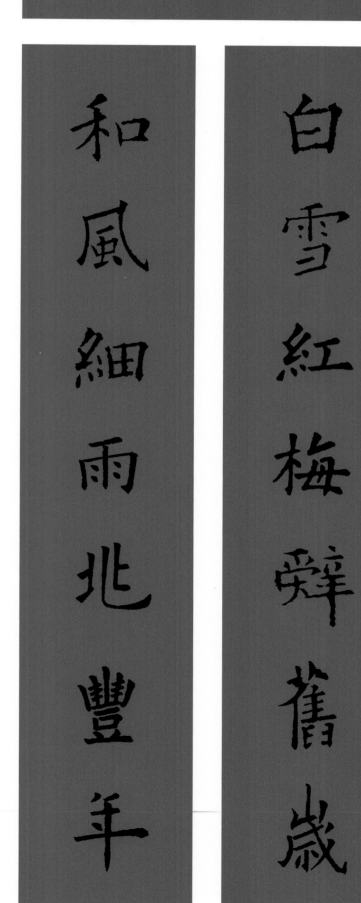

白雪紅梅辭舊歲

和風細雨兆豐年

吉星高照

白雪红梅辞旧岁
和风细雨兆丰年

瑞氣盈門

瑞气盈门

滿園桃李逢春發

入室蘭芝竟日香

满园桃李逢春发

入室兰芝竟日香

五福臨門

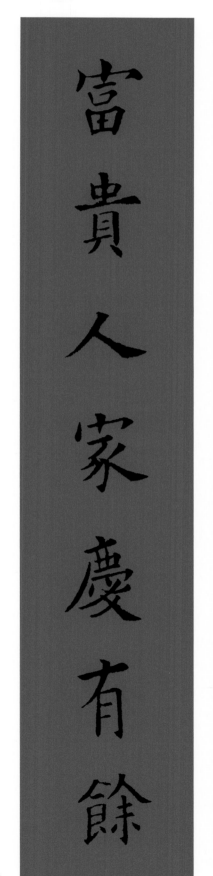

向陽門庭春常在

富貴人家慶有餘

五福临门

向阳门庭春常在
富贵人家庆有余

知足常樂

知足常乐

春日祥和幸福年

綵燈高照平安門

春日祥和幸福年
彩灯高照平安门

春滿九州

萬物當春日生長

崇山暎水風清和

春满九州

万物当春日生长

崇山映水风清和

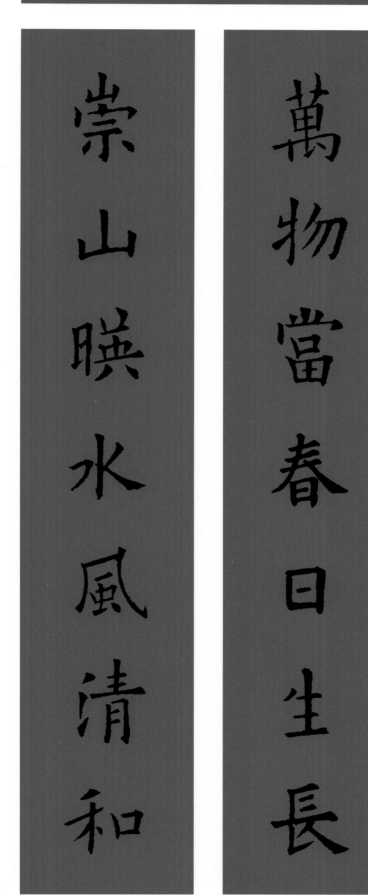

三陽開泰

三阳开泰

座攬清輝萬川月

胸涵和氣四時春

座揽清辉万川月

胸涵和气四时春

花好月圓

花好月圆

知足四時居樂境

寬懷到處遇春風

知足四时居乐境
宽怀到处遇春风

春滿九州

春满九州

雨灑庭竹圖書潤

風過玉枝筆硯香

雨洒庭竹图书润
风过玉枝笔砚香

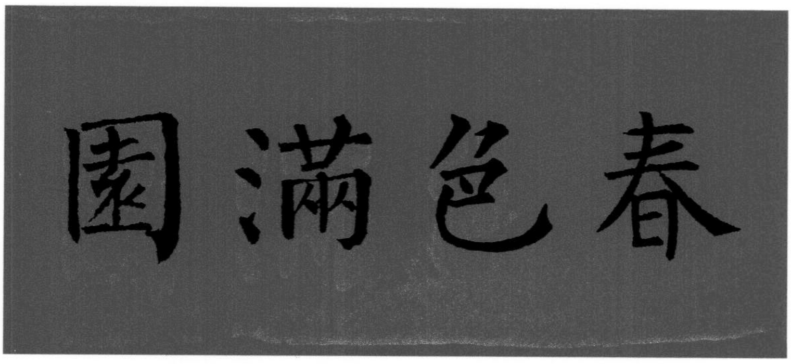


春色满园

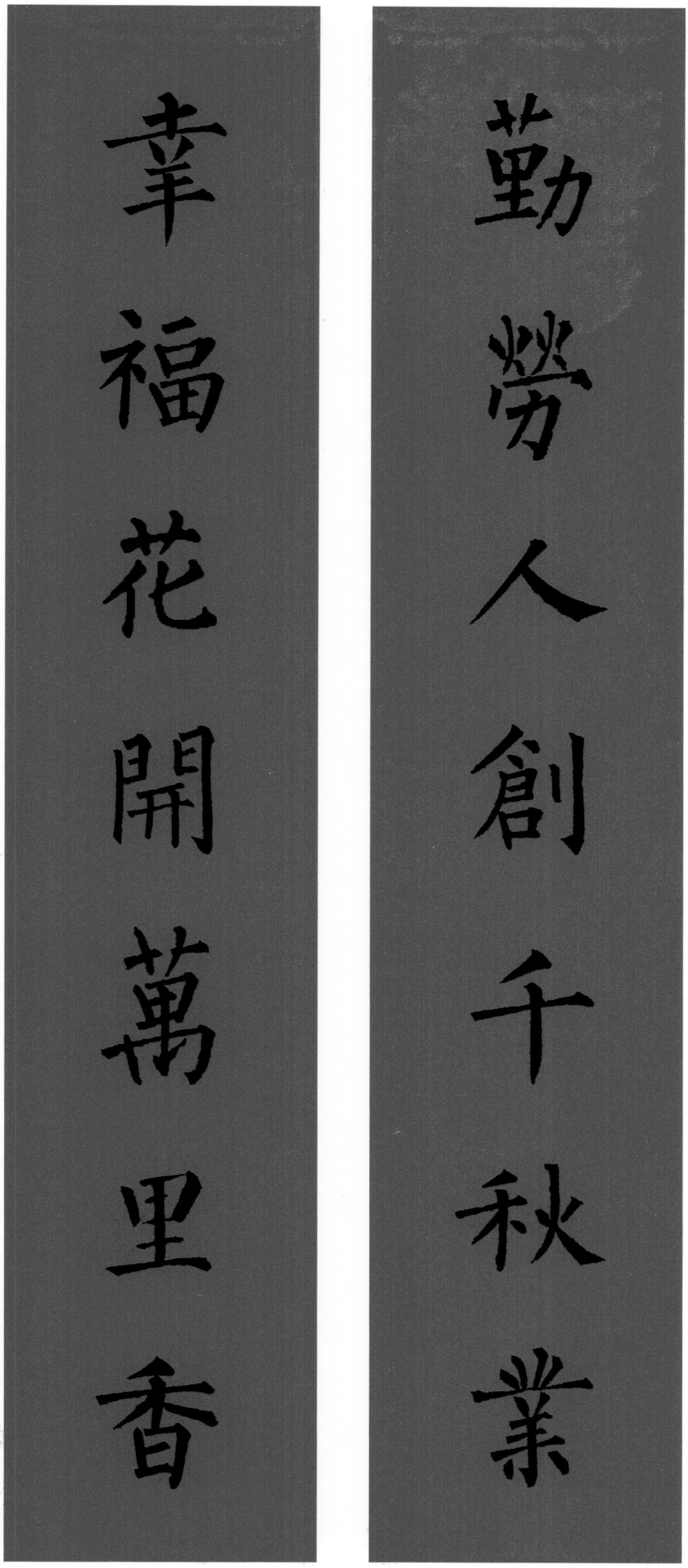


勤劳人创千秋业
幸福花开万里香

國泰民安

国泰民安

千家爆竹辭舊歲

萬戶燈火迎新春

千家爆竹辞旧岁
万户灯火迎新春

辭舊迎新

人財兩旺生活美

福壽雙全日月新

辞旧迎新

人财两旺生活美
福寿双全日月新

五福盈門

五福盈门

猪肥膘厚財恒足

家富人勤壽永康

猪肥膘厚财恒足
家富人勤寿永康

春滿人間

千聯齊頌豐收景

四海同歌盛世情

春满人间

千联齐颂丰收景
四海同歌盛世情

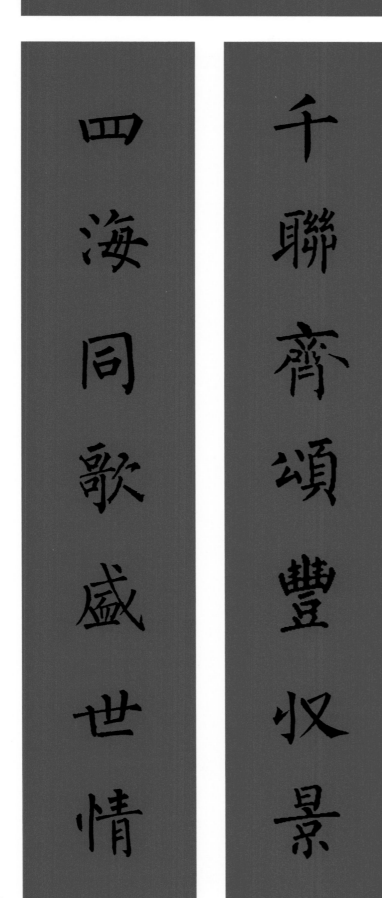

福星高照

勤勞人家春永駐

幸福門庭富水長

福星高照

勤劳人家春永驻

幸福门庭富水长

國泰民安

年新滿目豐收景

世盛盈門幸福歌

国泰民安

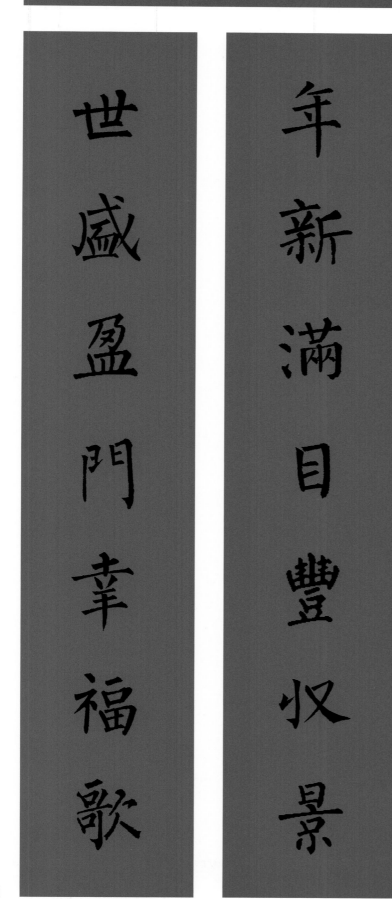

年新满目丰收景
世盛盈门幸福歌

辭舊迎新

門庭春暖生光彩

田畝年豐樂新春

辞旧迎新

门庭春暖生光彩
田亩年丰乐新春

春色滿園

春色满园

門迎紫氣迎新富

室滿春光奔小康

门迎紫气迎新富

室满春光奔小康

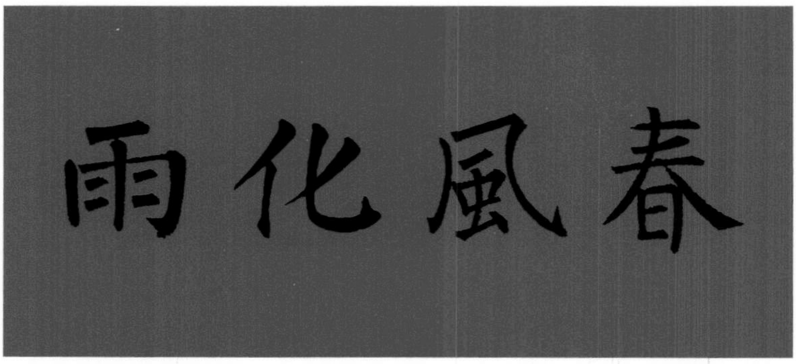


春风化雨

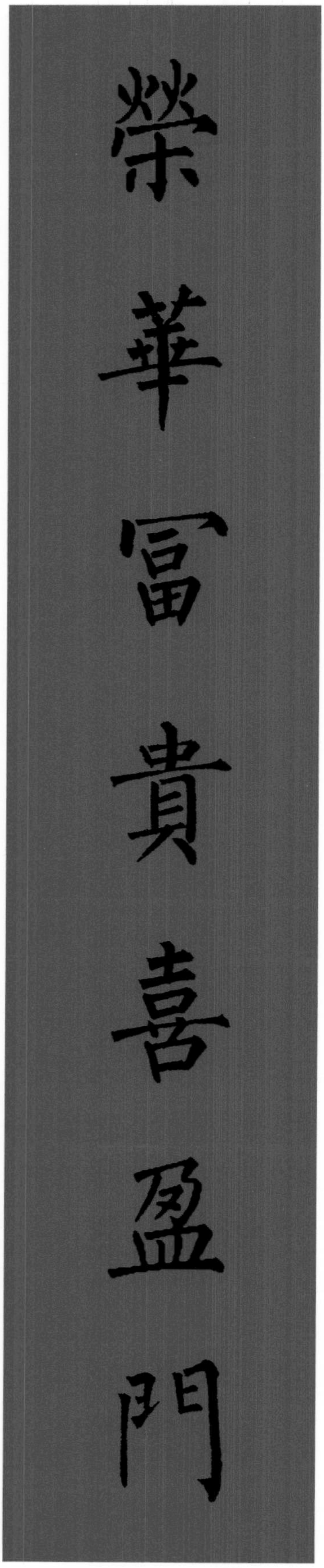


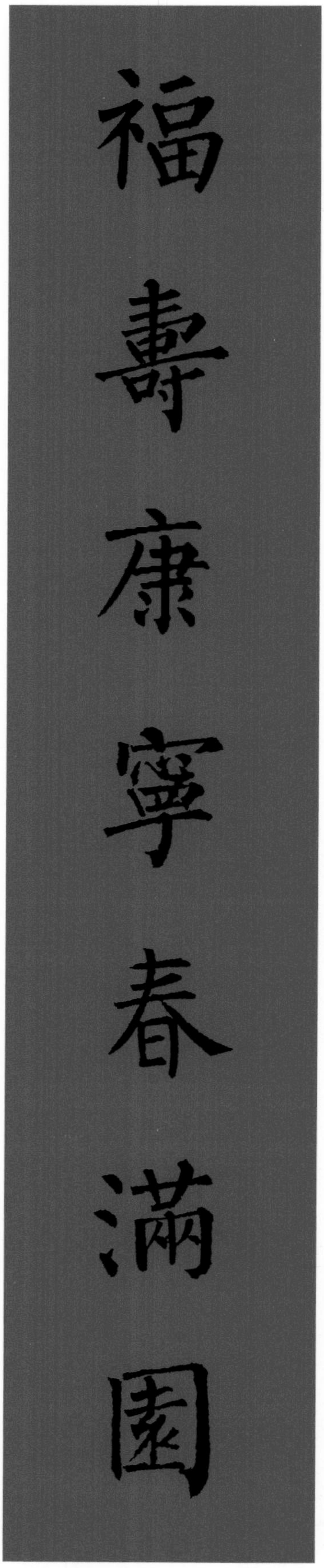


荣华富贵喜盈门
福寿康宁春满园

五福盈門

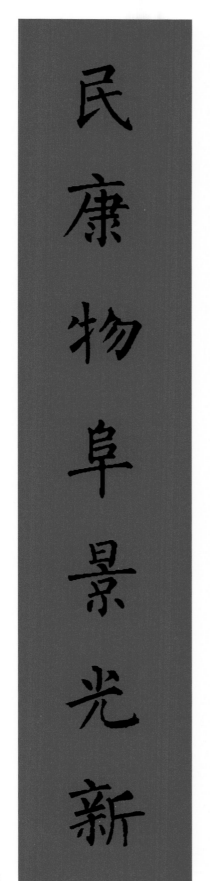

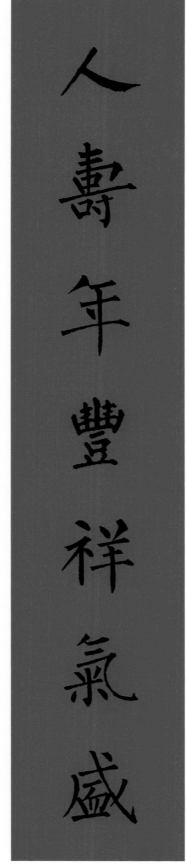

五福盈门

人壽年豐祥氣盛

民康物阜景光新

人寿年丰祥气盛
民康物阜景光新

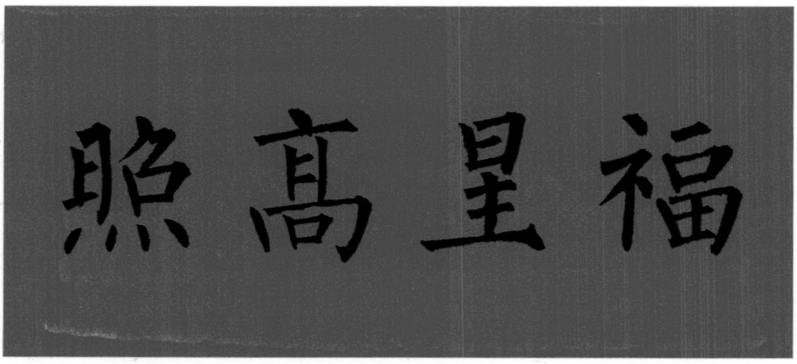


福星高照

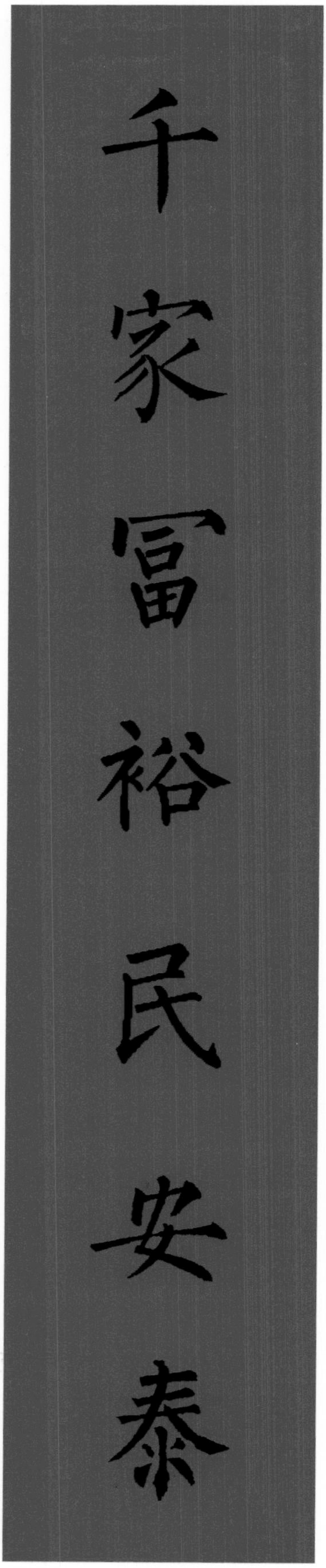


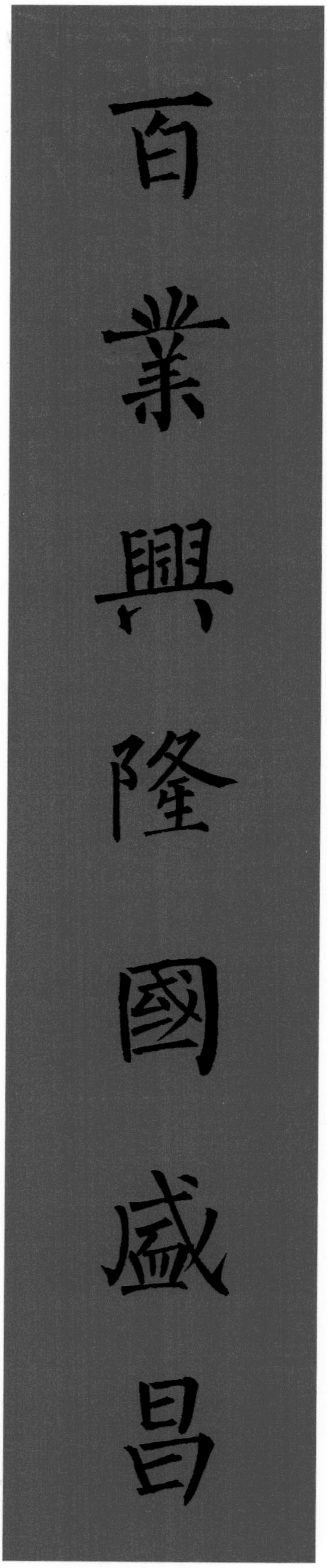


千家富裕民安泰
百业兴隆国盛昌

辭舊迎新

盛世歡歌樂十億

豐年美酒醉長春

辞旧迎新

盛世欢歌乐十亿

丰年美酒醉长春

福壽康寧

福寿康宁

物華天寶長安樂

人壽年豐益祥瑞

物华天宝长安乐
人寿年丰益祥瑞

春滿人間

春風化雨國康泰

瑞雪祥雲歲月新

春满人间

春风化雨国康泰
瑞雪祥云岁月新

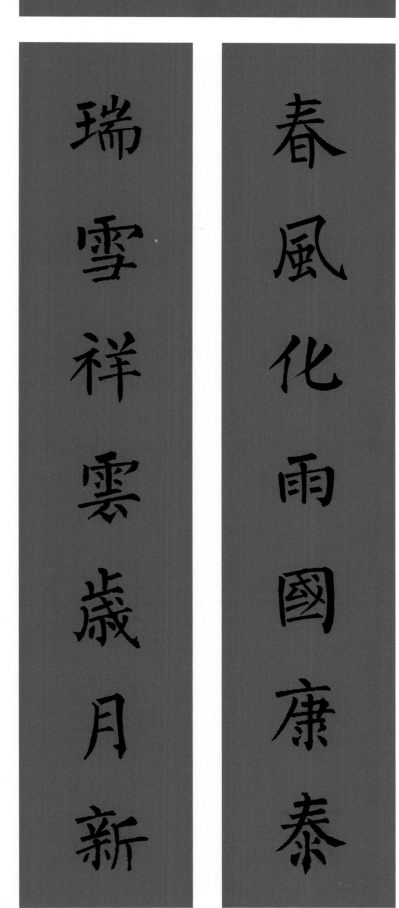

五福盈門

五福盈门

時逢盛世千家盛

節序新春萬象新

时逢盛世千家盛

节序新春万象新

春色滿園

爆竹傳吉語

紅梅報新春

春色满园

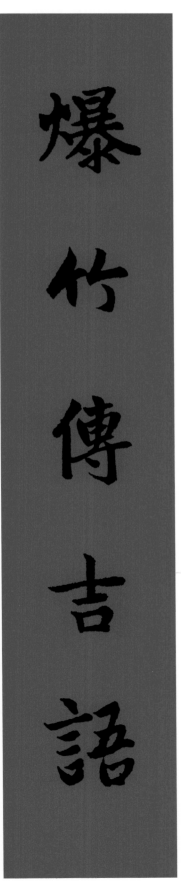

爆竹传吉语
红梅报新春

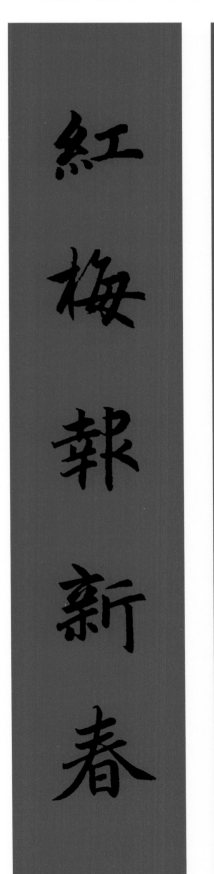

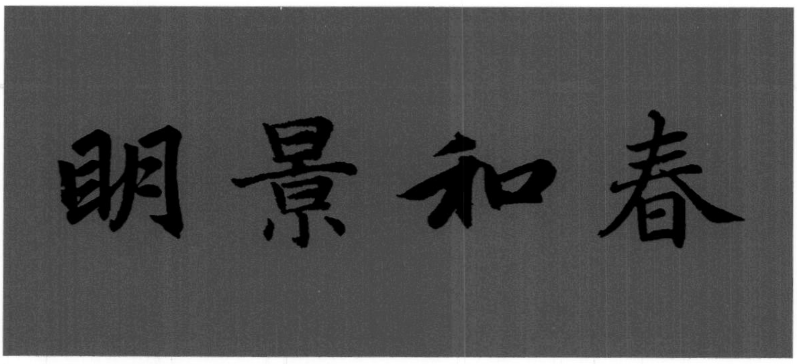


春和景明

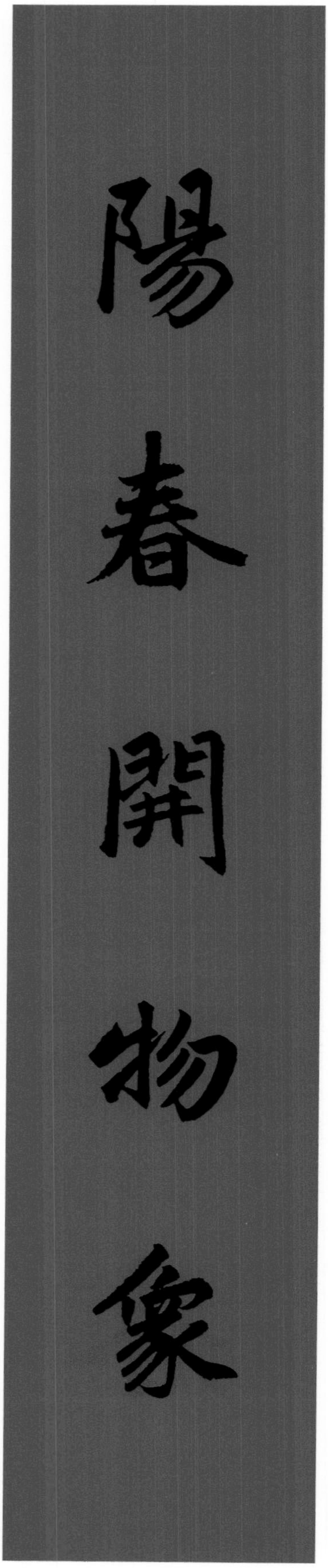


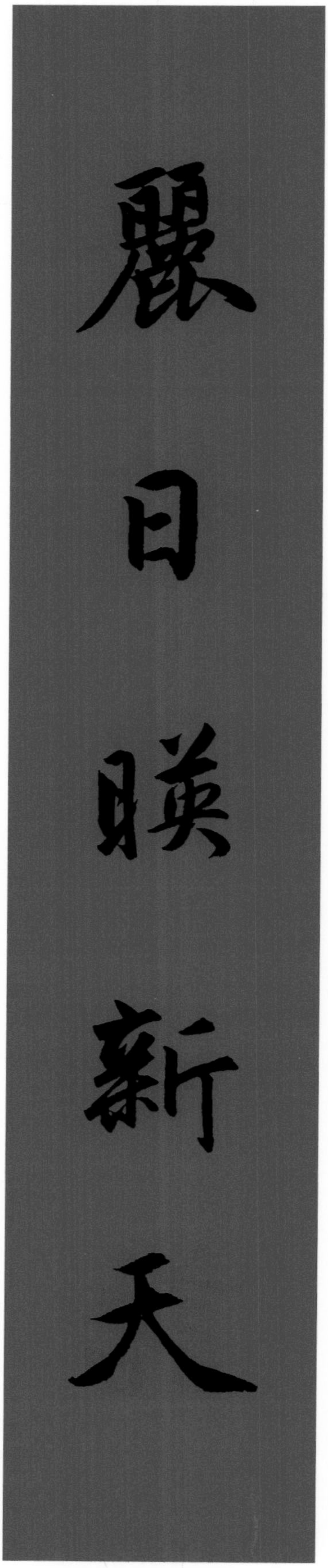


阳春开物象
丽日映新天

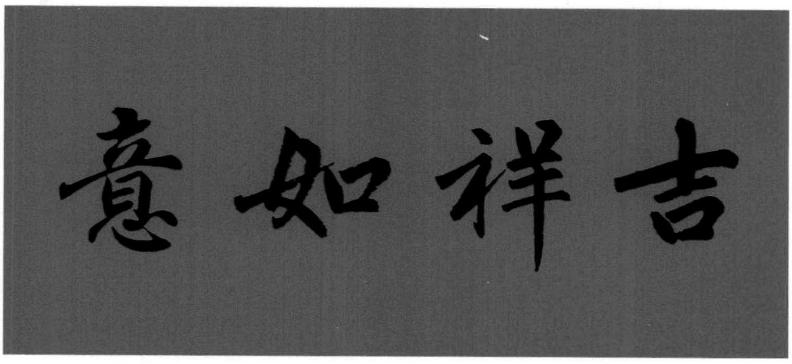


吉祥如意

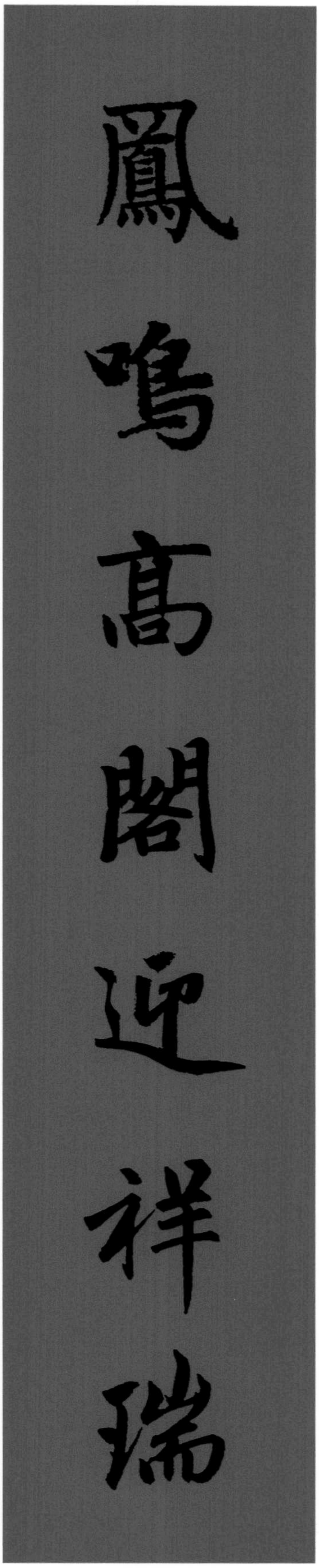


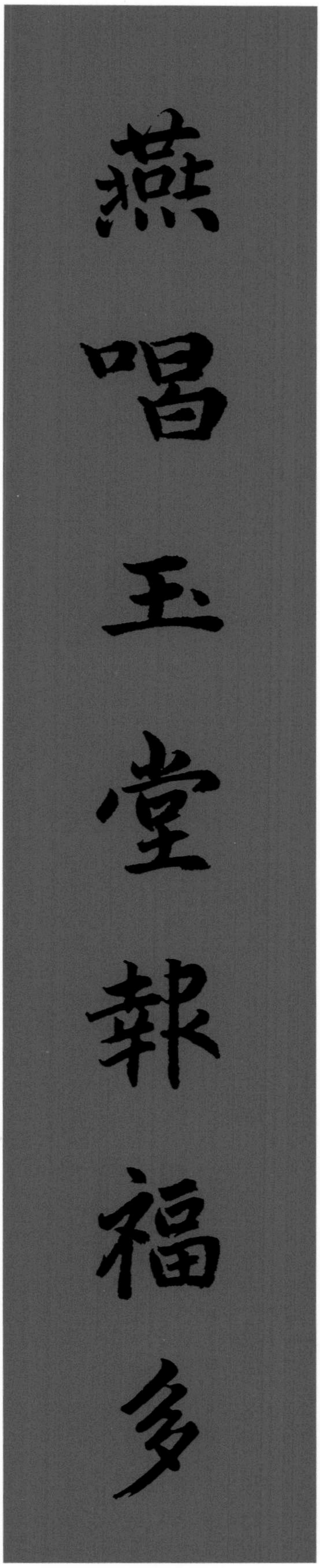


凤鸣高阁迎祥瑞
燕唱玉堂报福多

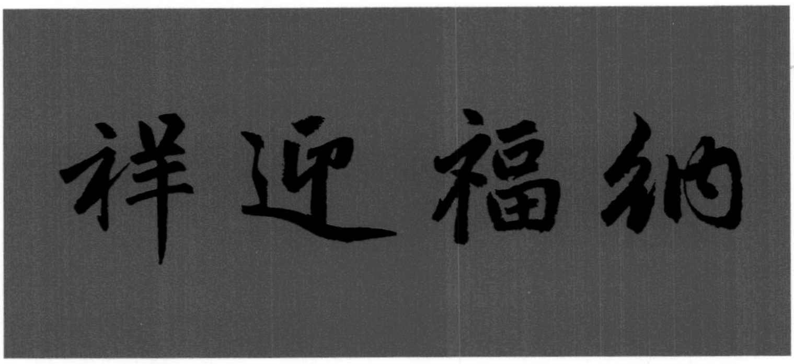


纳福迎祥

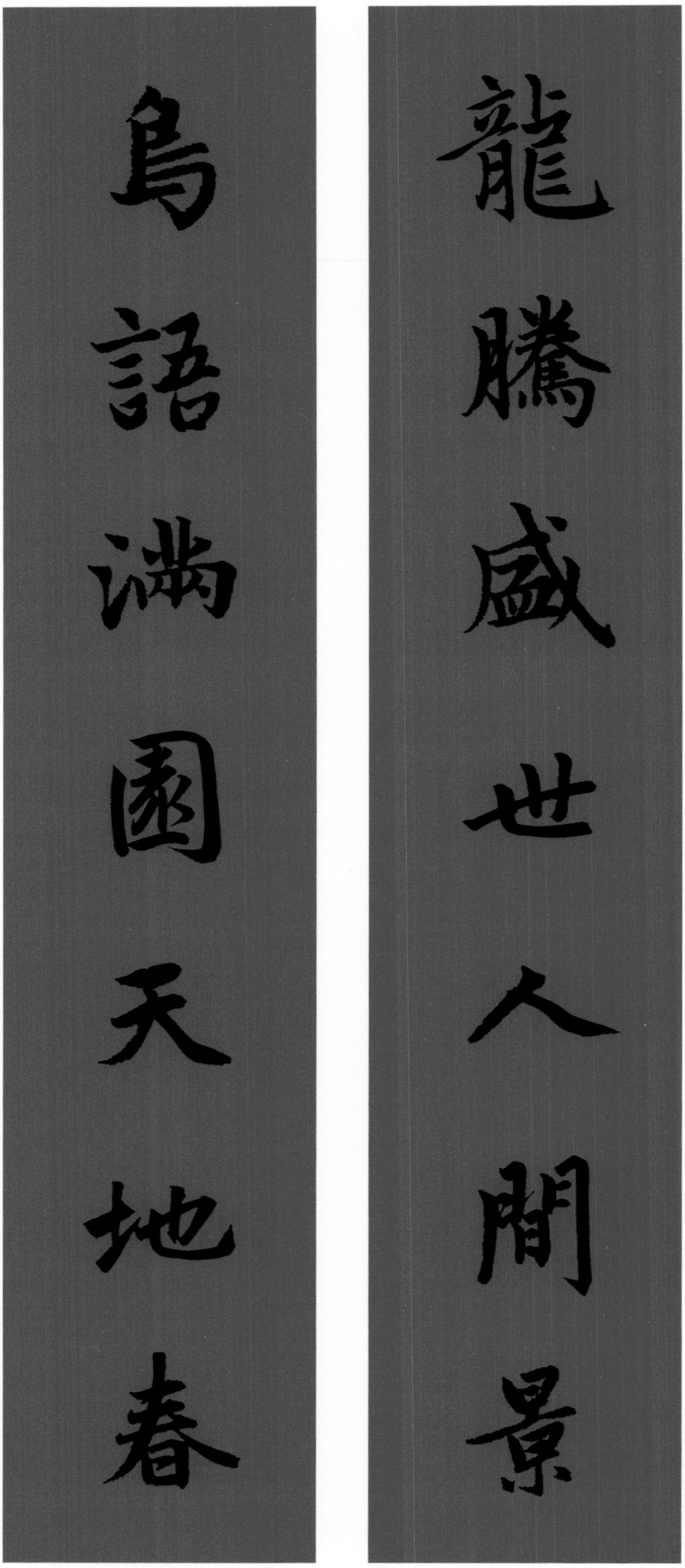


龙腾盛世人间景
鸟语满园天地春

三陽開泰

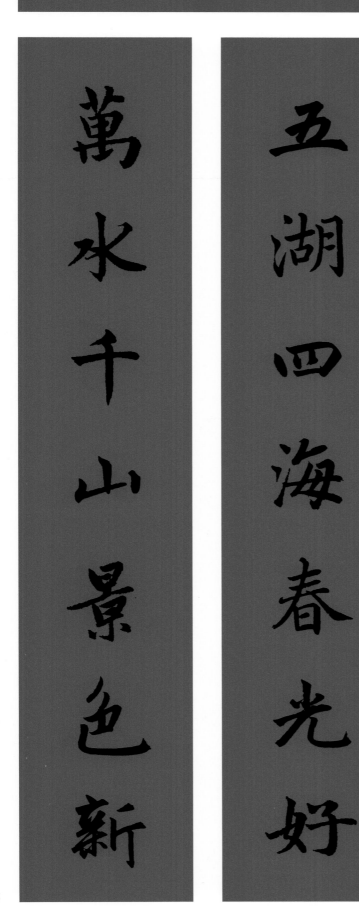

三阳开泰

五湖四海春光好

萬水千山景色新

五湖四海春光好
万水千山景色新

萬事亨通

万事亨通

神州有天皆麗日

祖國無處不春風

神州有天皆丽日
祖国无处不春风

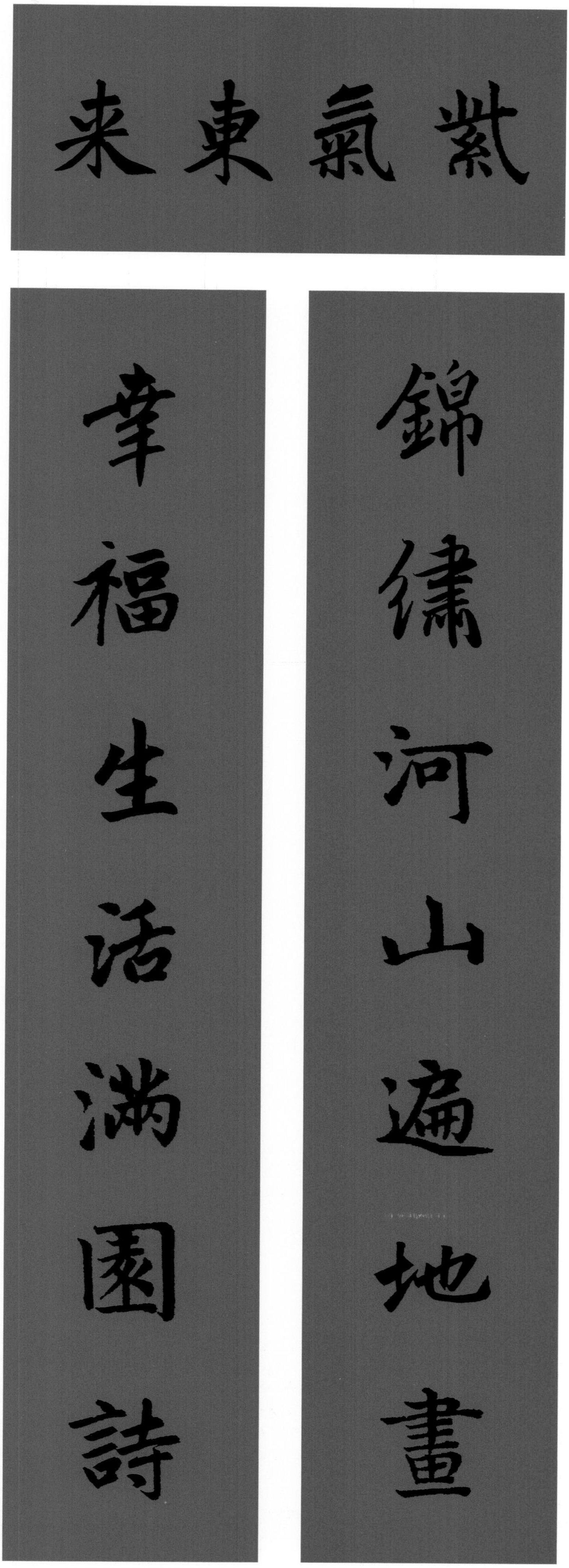


紫气东来

锦绣河山遍地画
幸福生活满园诗

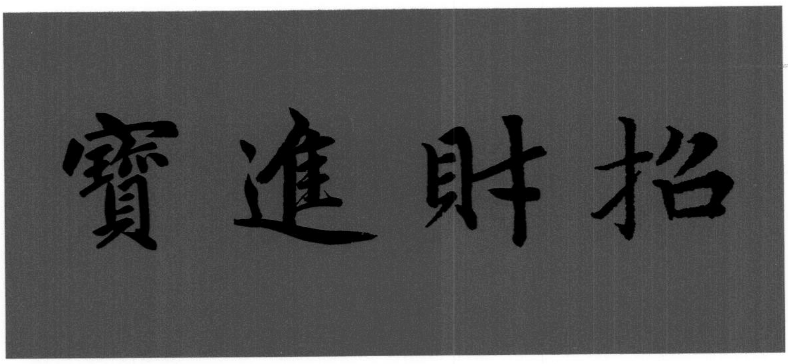


招财进宝

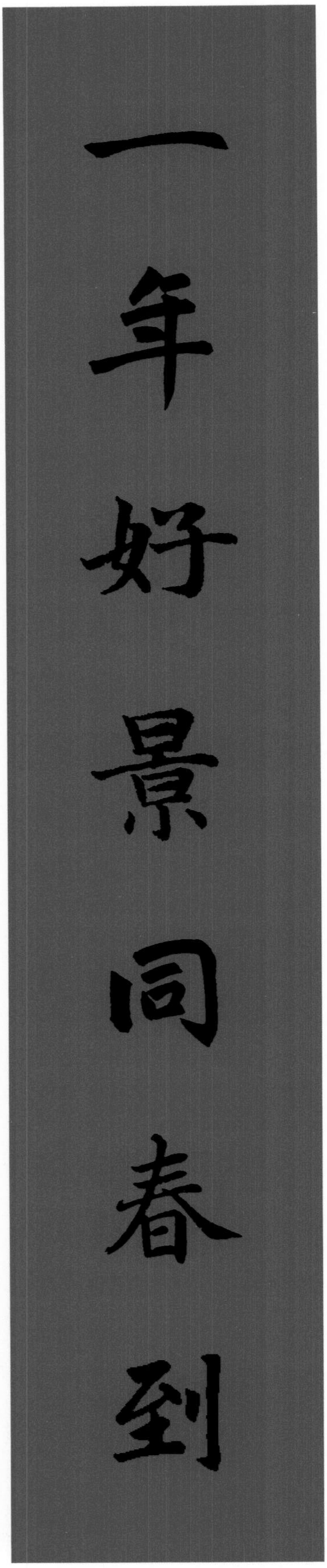


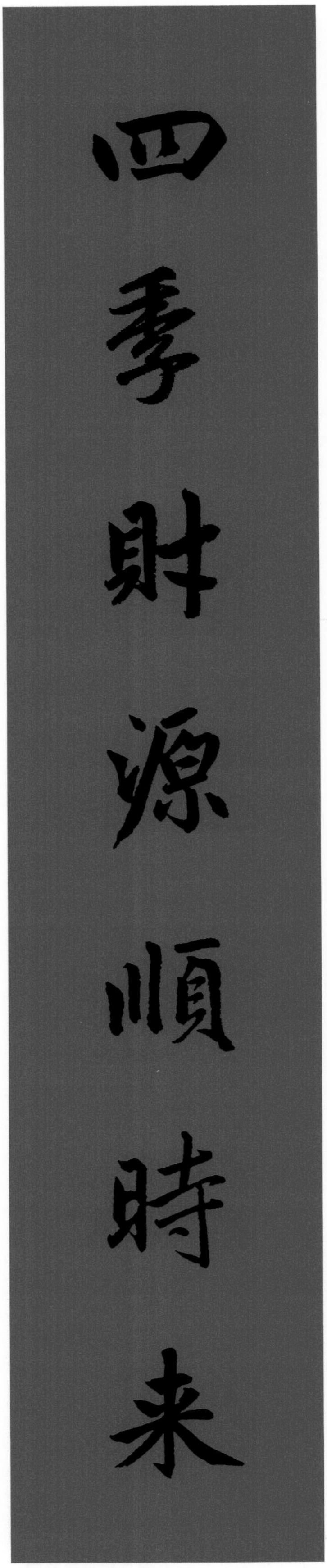


一年好景同春到
四季财源顺时来

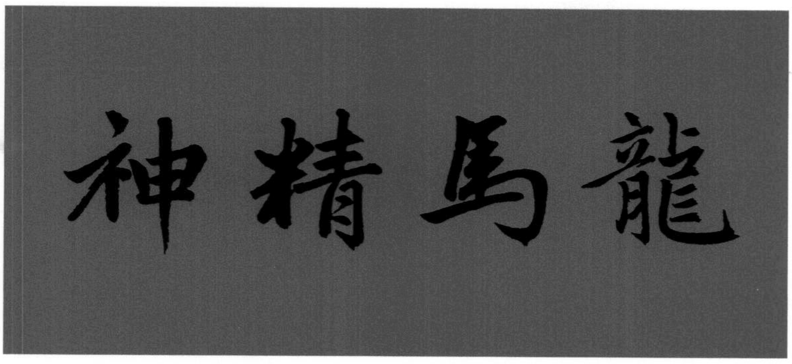


龙马精神

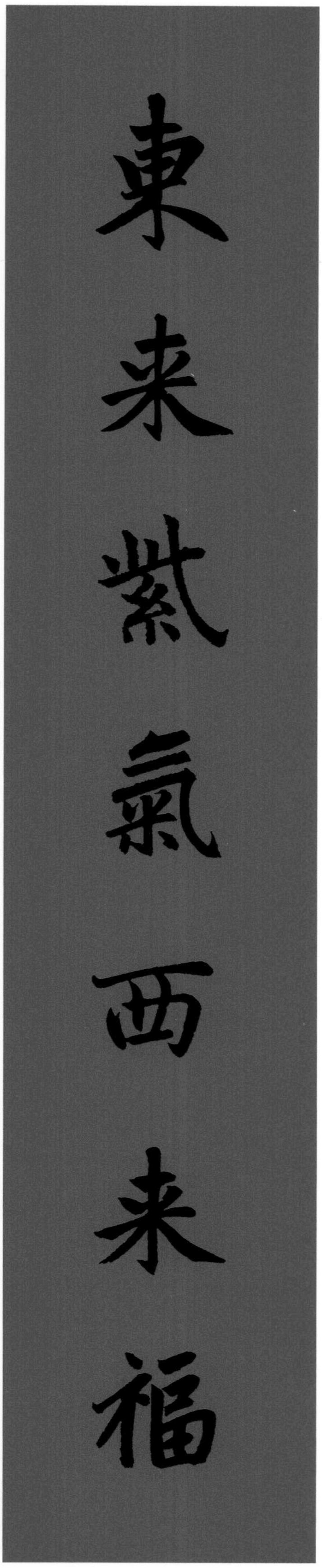


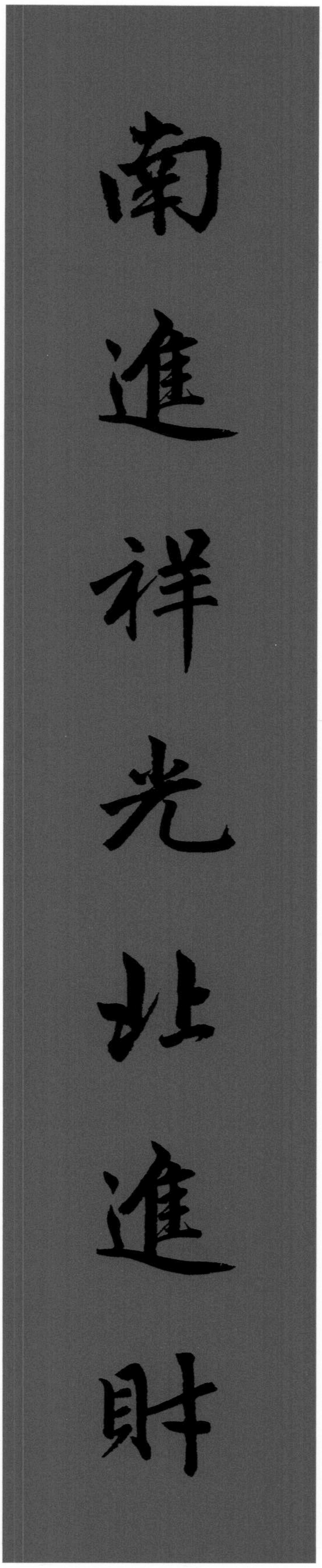


东来紫气西来福
南进祥光北进财

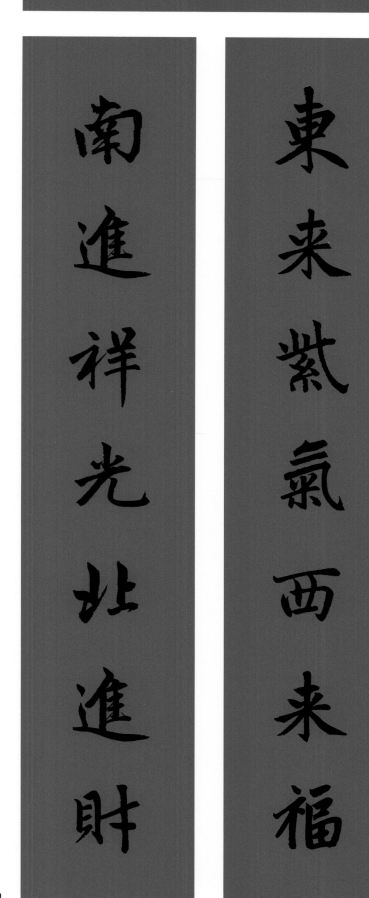

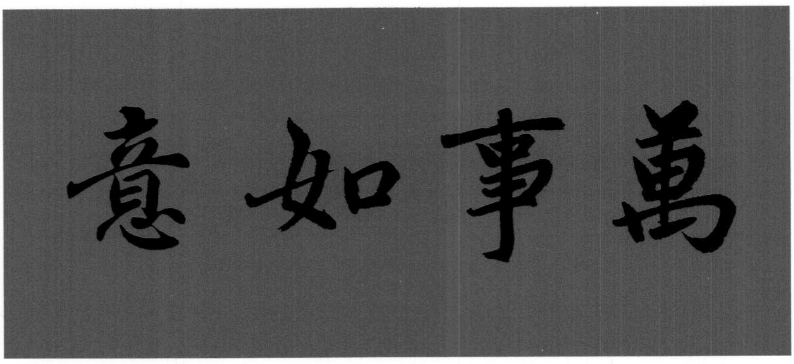


万事如意

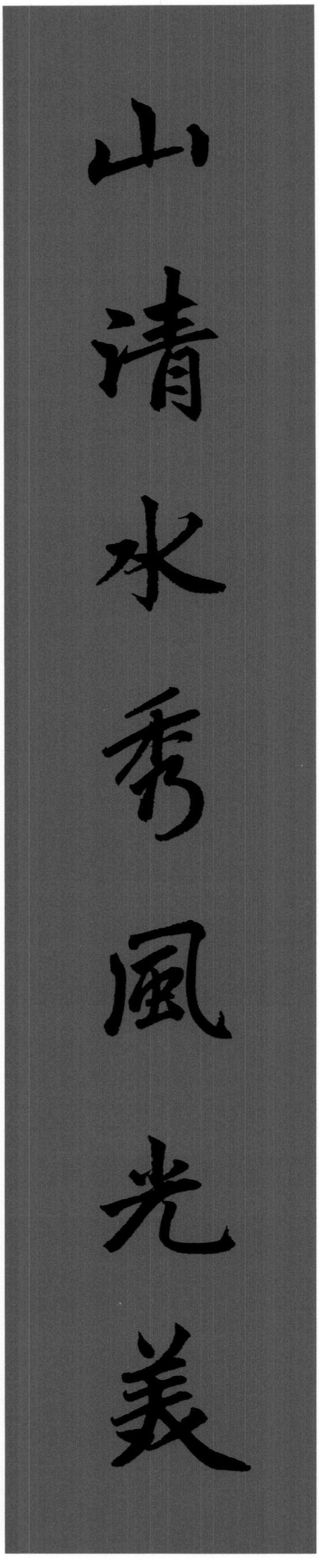


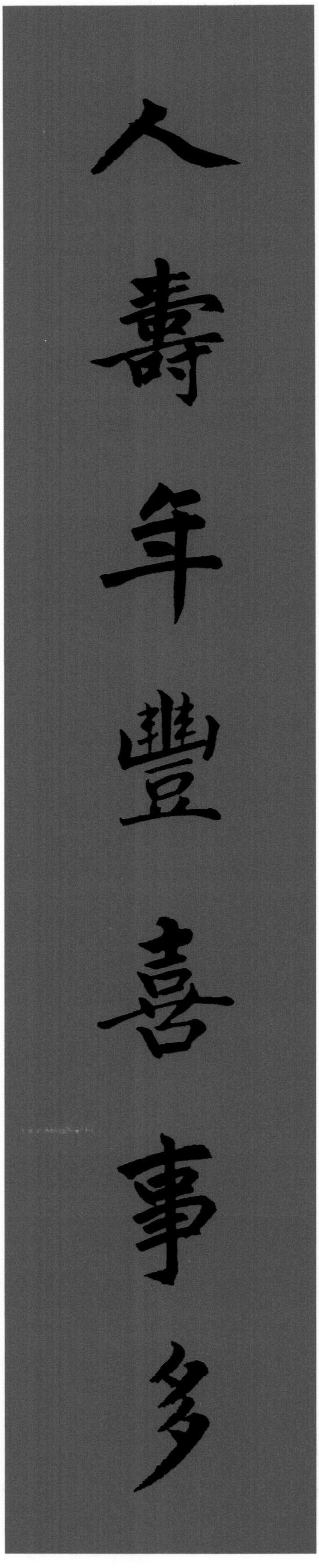


山清水秀风光美
人寿年丰喜事多

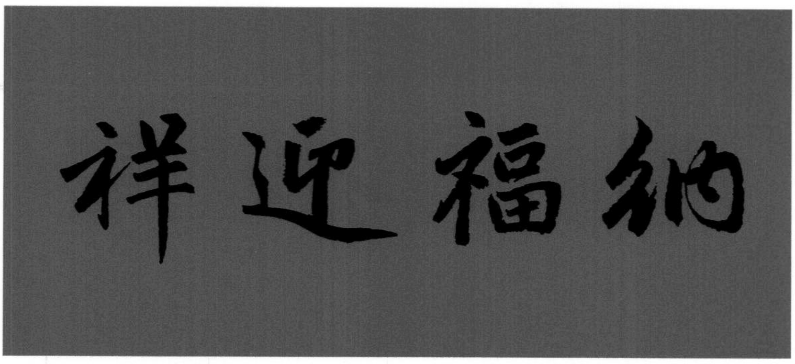


纳福迎祥

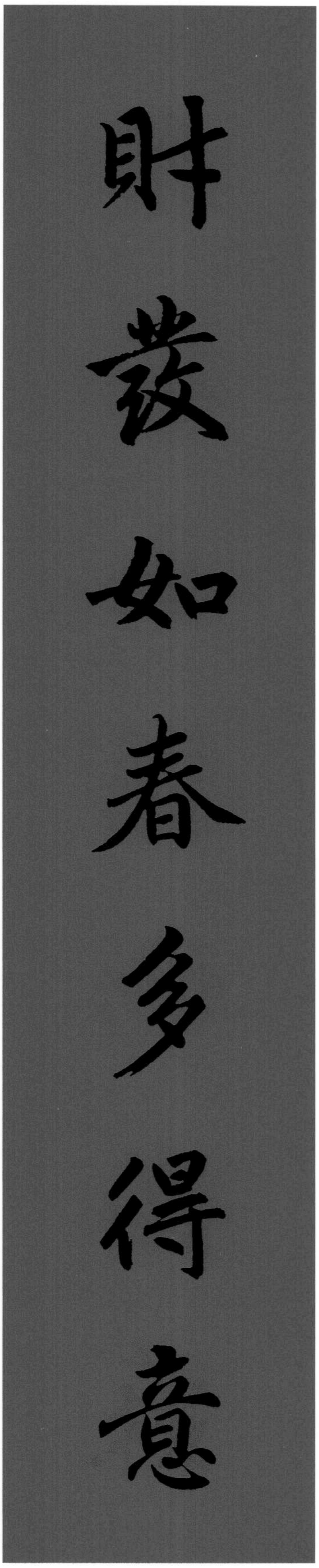


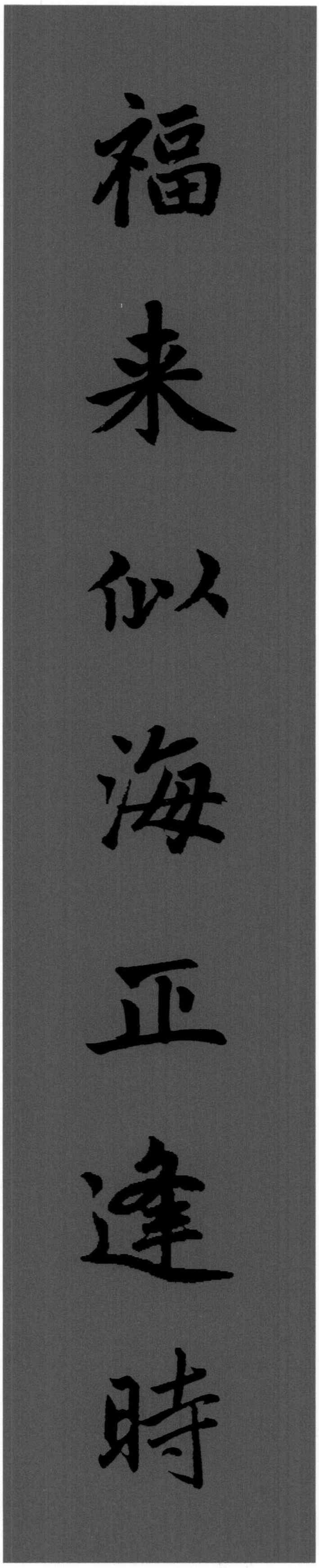


财发如春多得意
福来似海正逢时

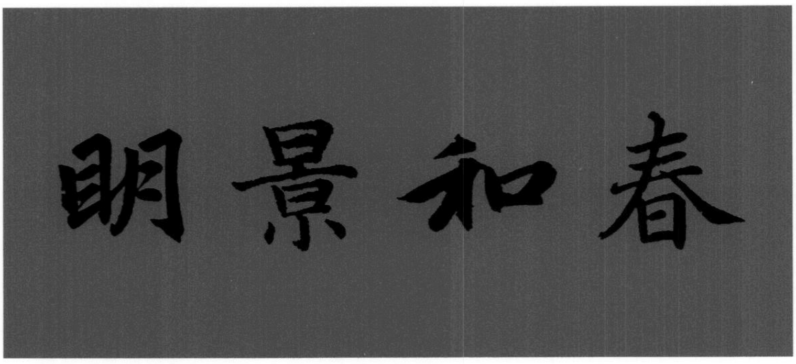


春和景明

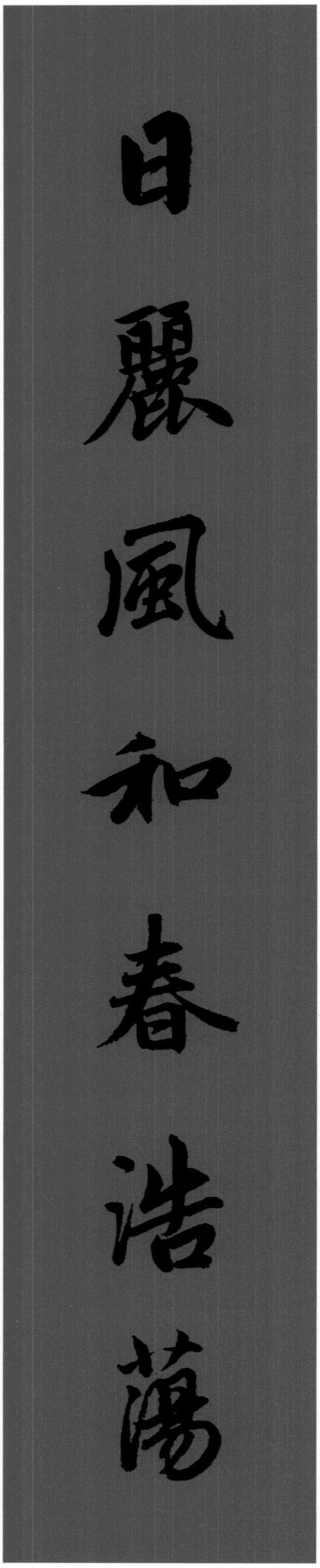


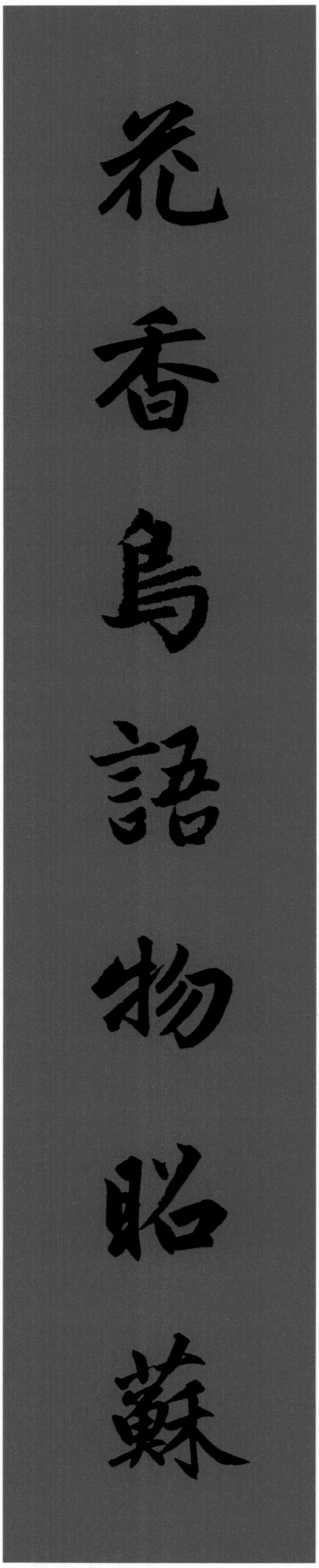


日丽风和春浩荡
花香鸟语物昭苏

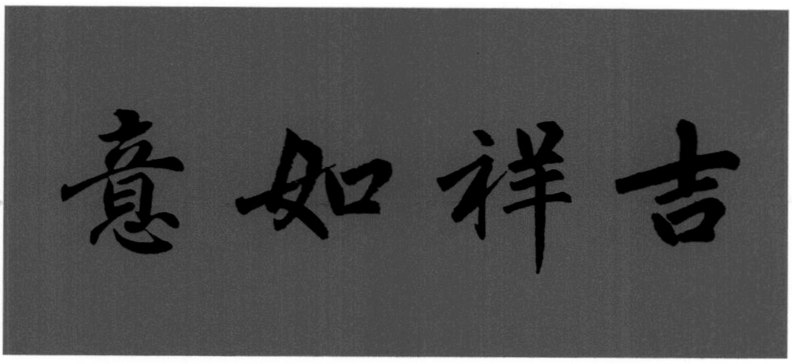


吉祥如意

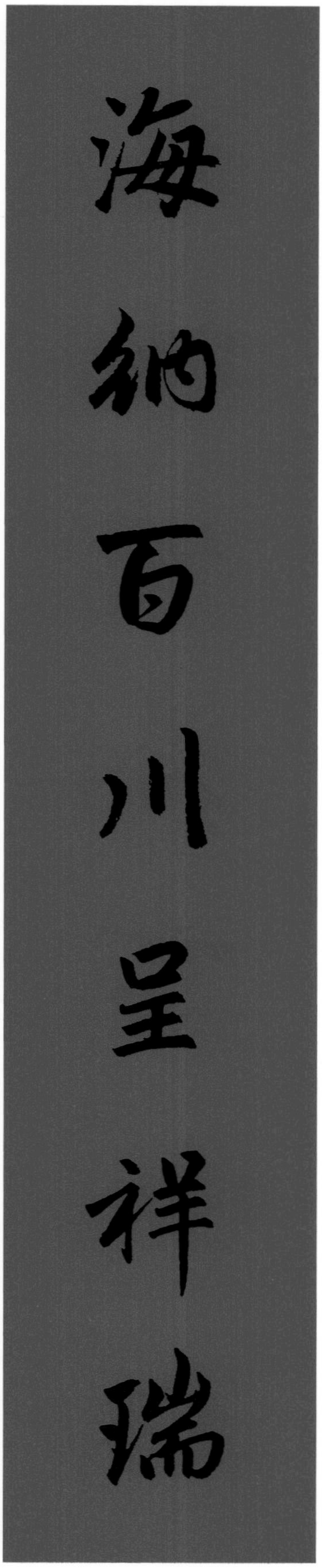


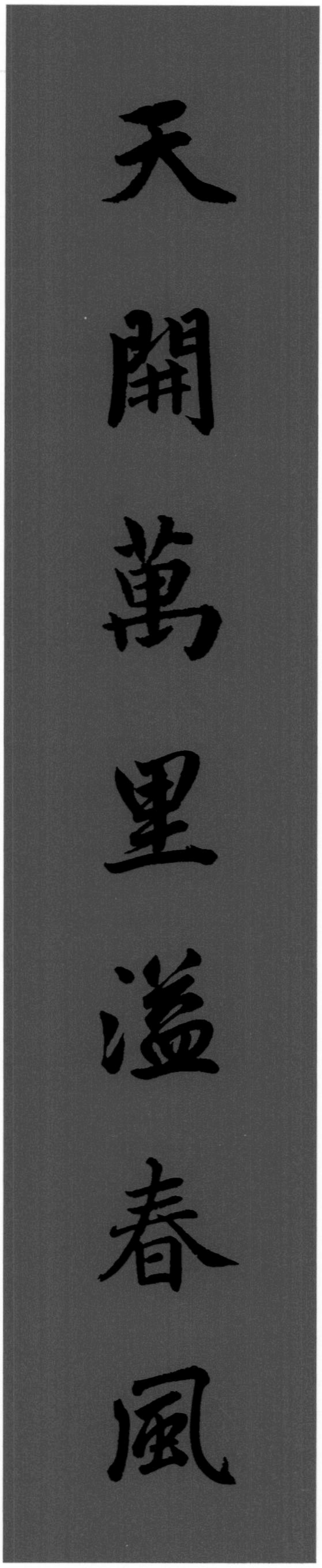


海纳百川呈祥瑞
天开万里溢春风

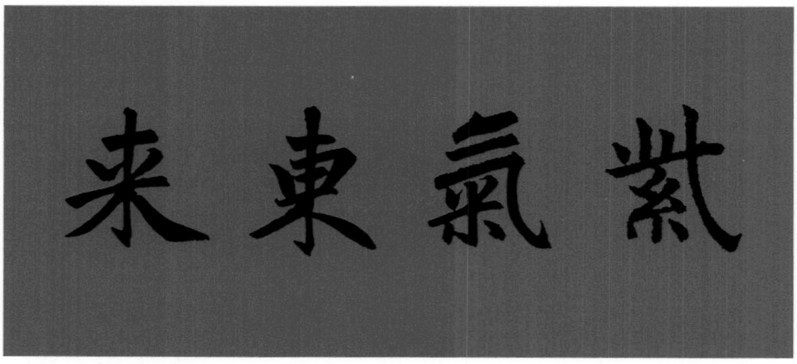


紫气东来

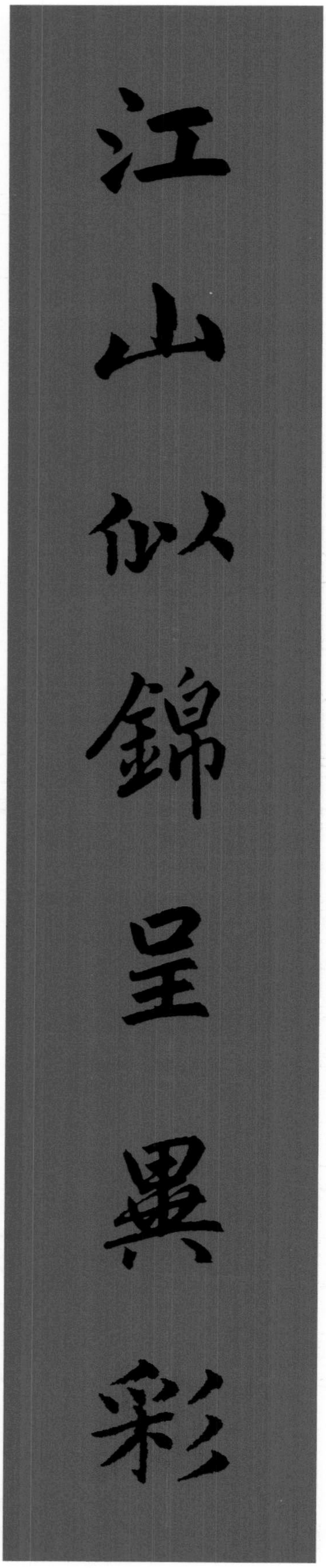


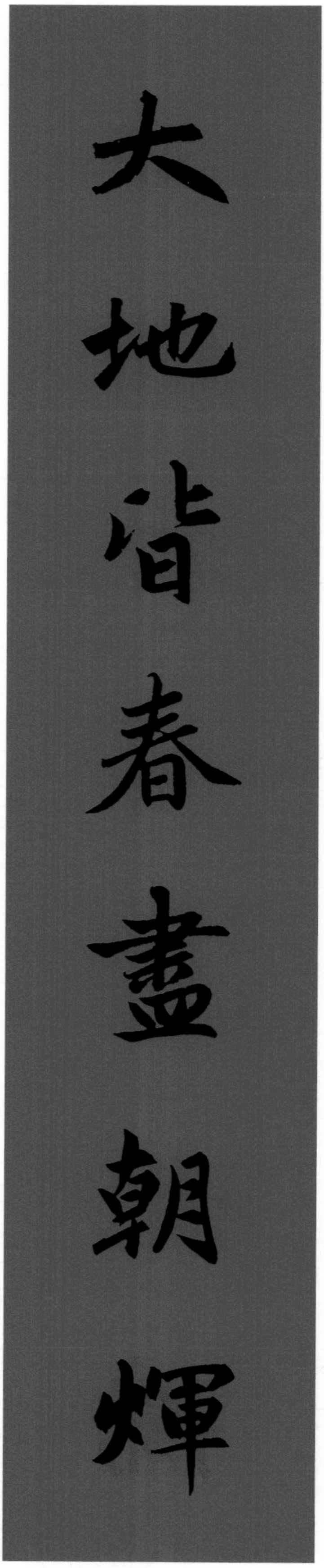


江山似锦呈异彩
大地皆春尽朝辉

四季平安

天增歲月人增壽

春滿乾坤福滿門

四季平安

天增岁月人增寿

春满乾坤福满门

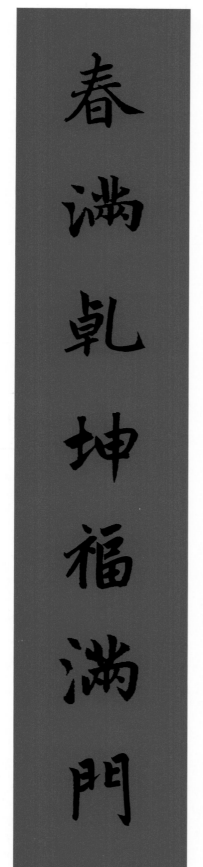

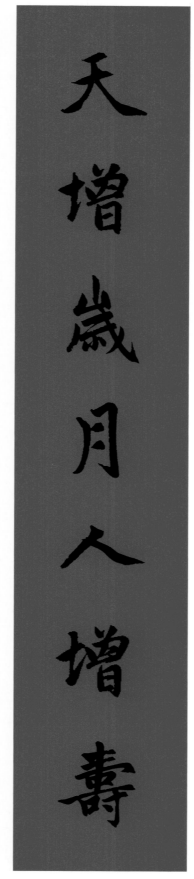

三陽開泰

迎新春萬事如意

賀佳節百業興隆

三阳开泰

迎新春万事如意

贺佳节百业兴隆

萬事亨通

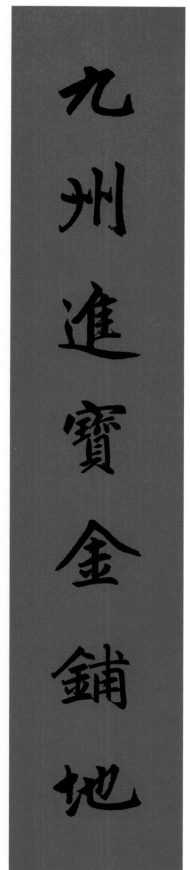

九州進寶金鋪地

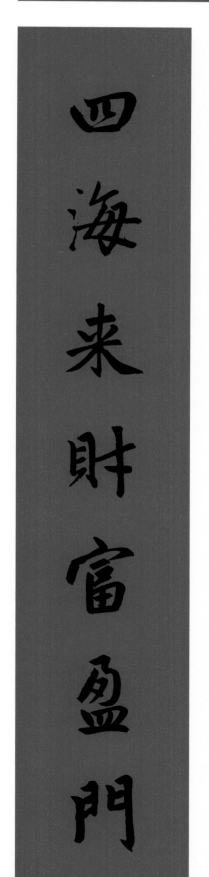

四海来財富盈門

万事亨通

九州进宝金铺地
四海来财富盈门

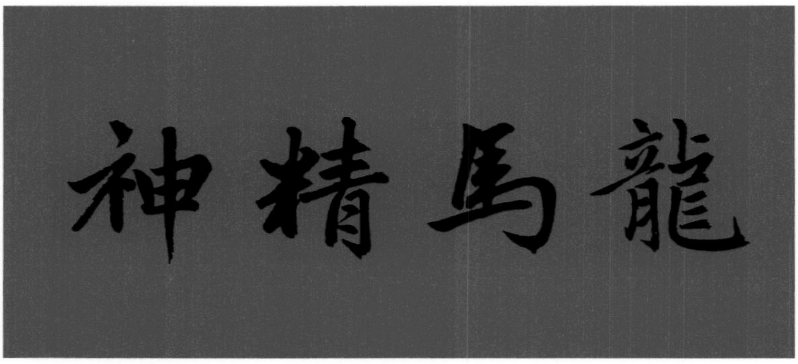


龙马精神

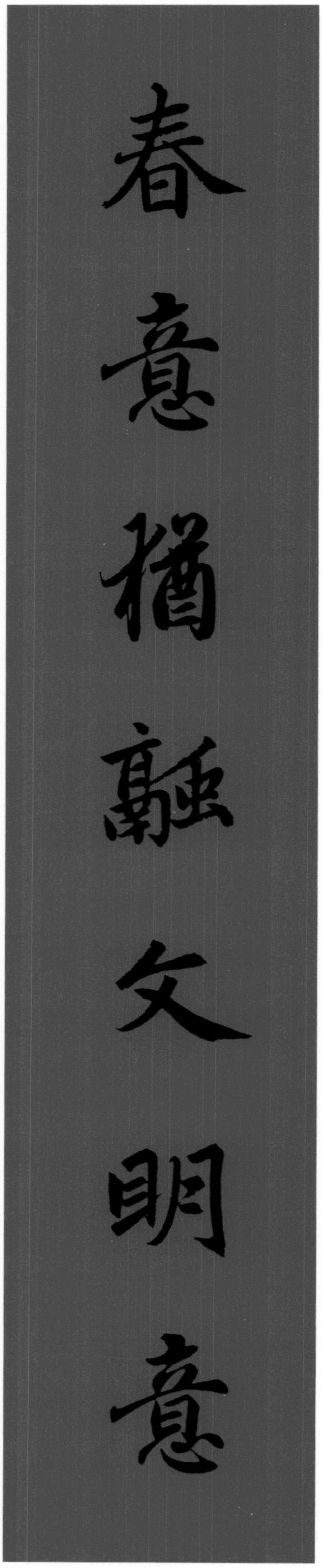


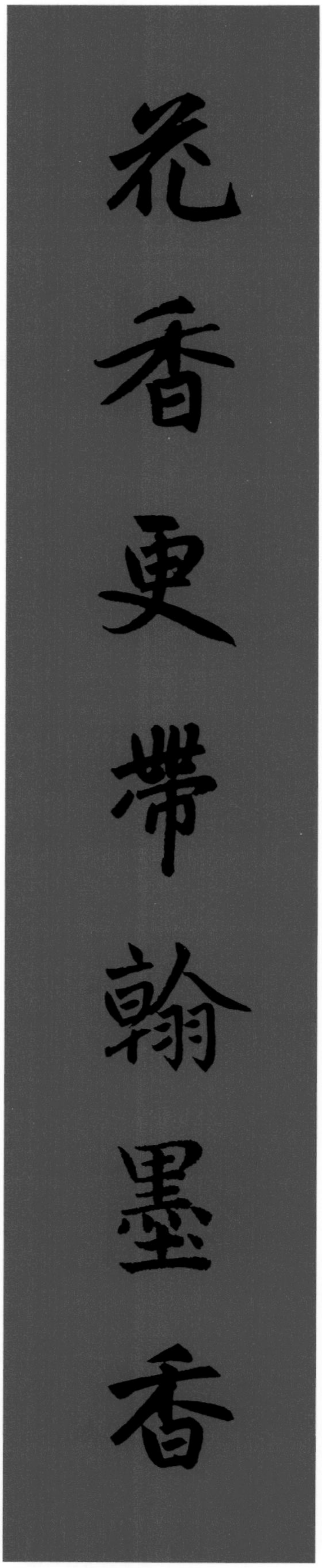


春意犹融文明意
花香更带翰墨香

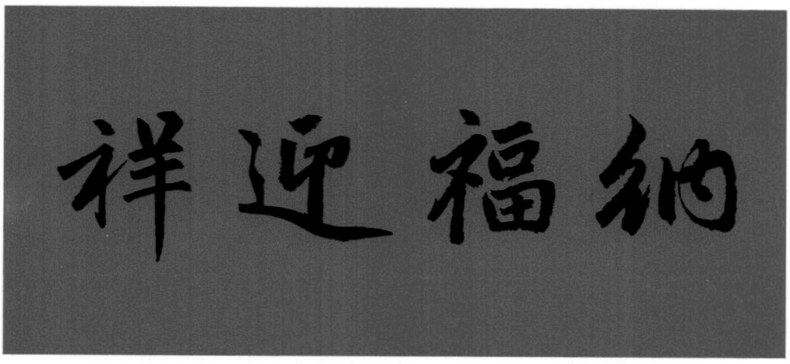


纳福迎祥

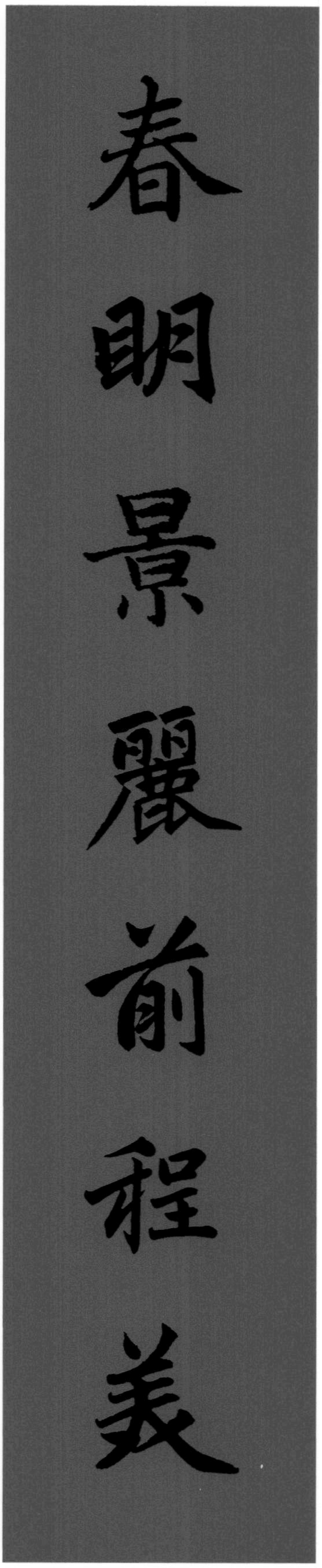


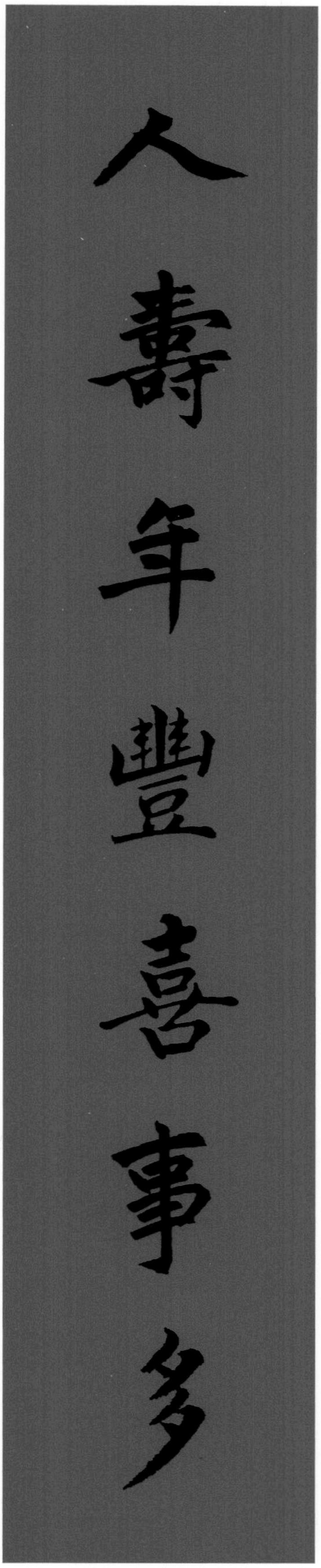


春明景丽前程美
人寿年丰喜事多

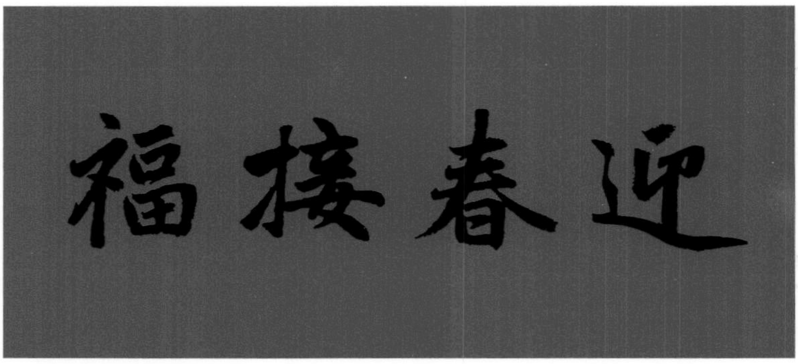


迎春接福

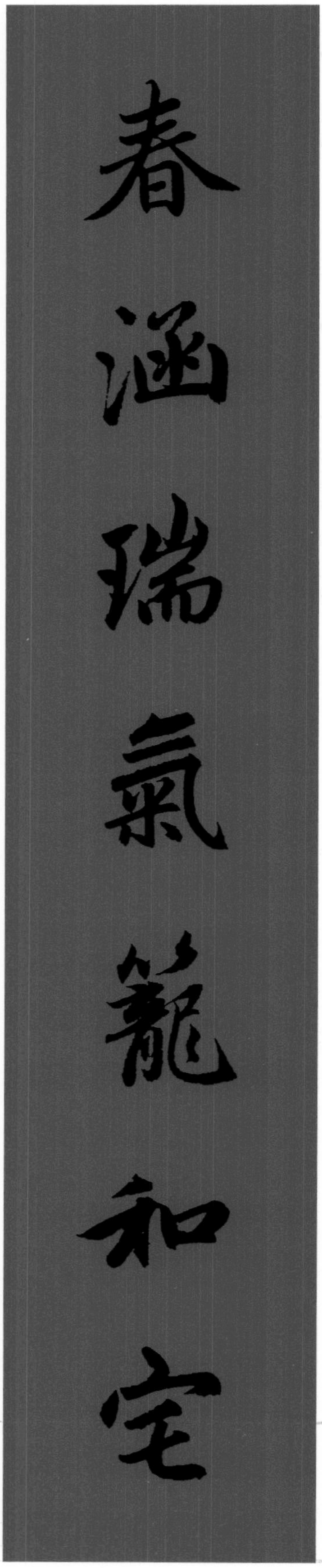


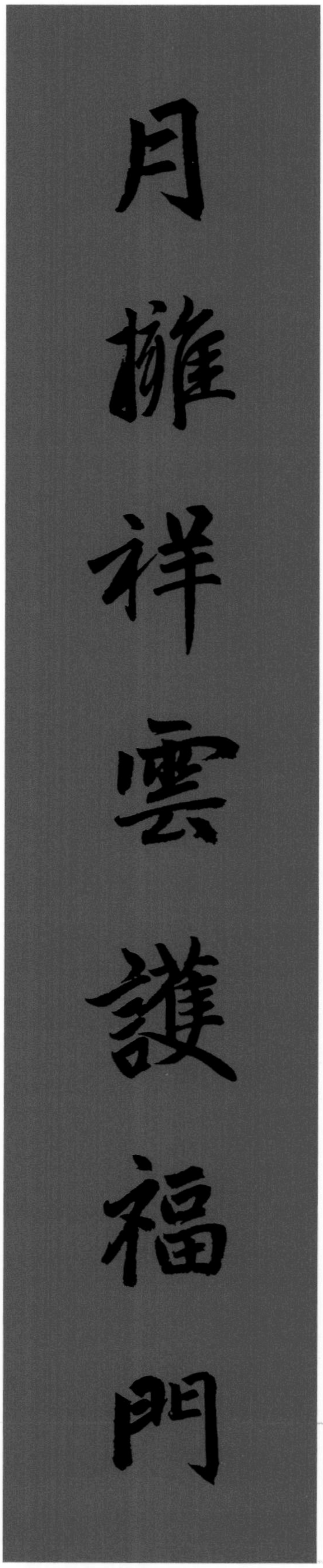


春涵瑞气笼和宅
月拥祥云护福门

納福迎祥

龍馬精神壯四海

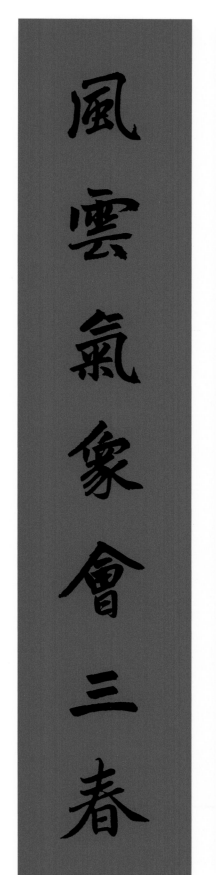

風雲氣象會三春

纳福迎祥

龙马精神壮四海
风云气象会三春

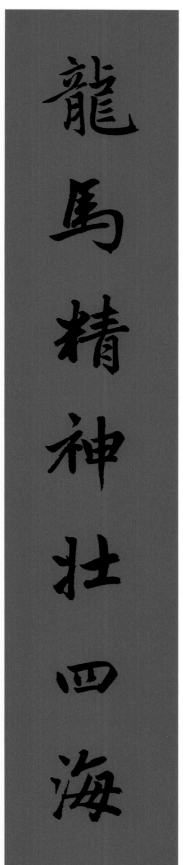

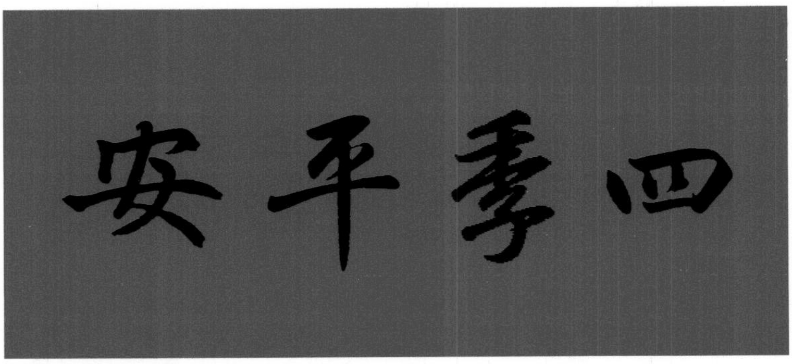


四季平安

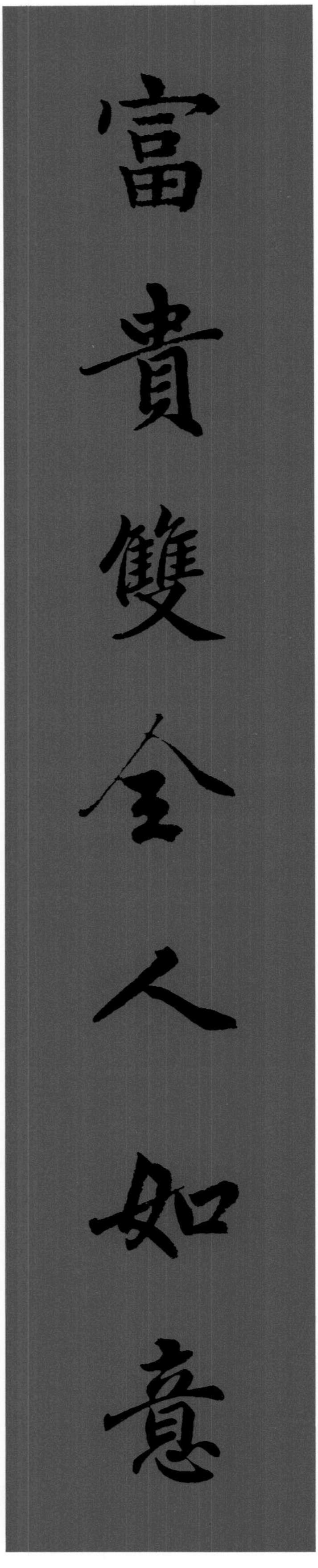


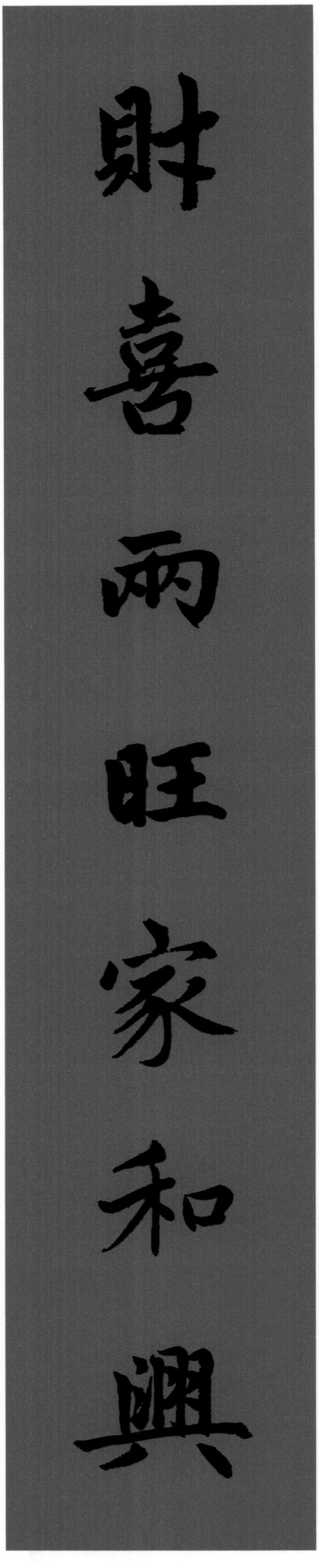


富贵双全人如意
财喜两旺家和兴

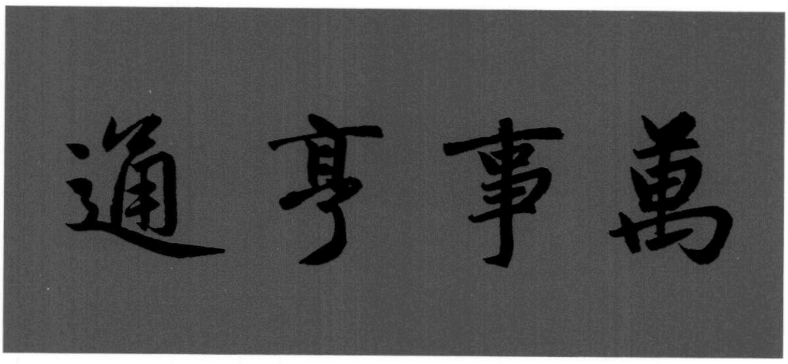


万事亨通

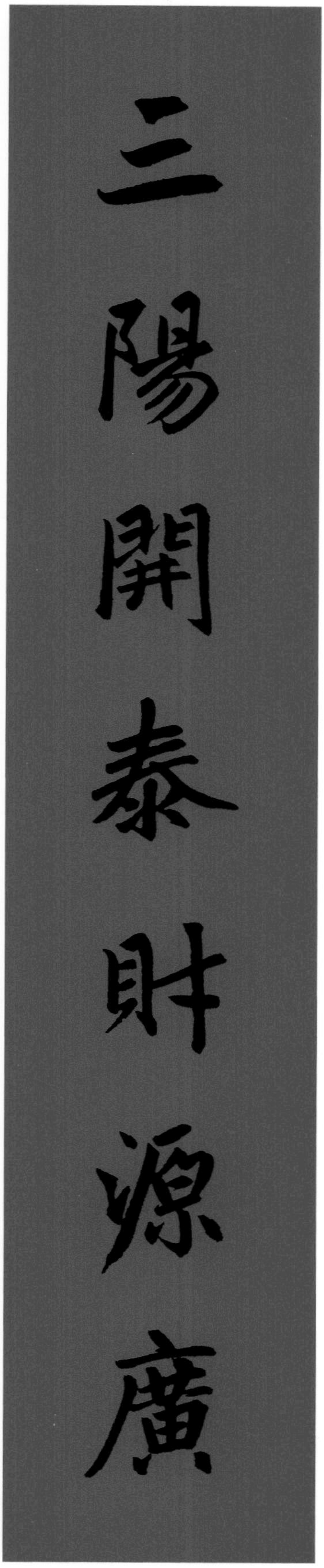


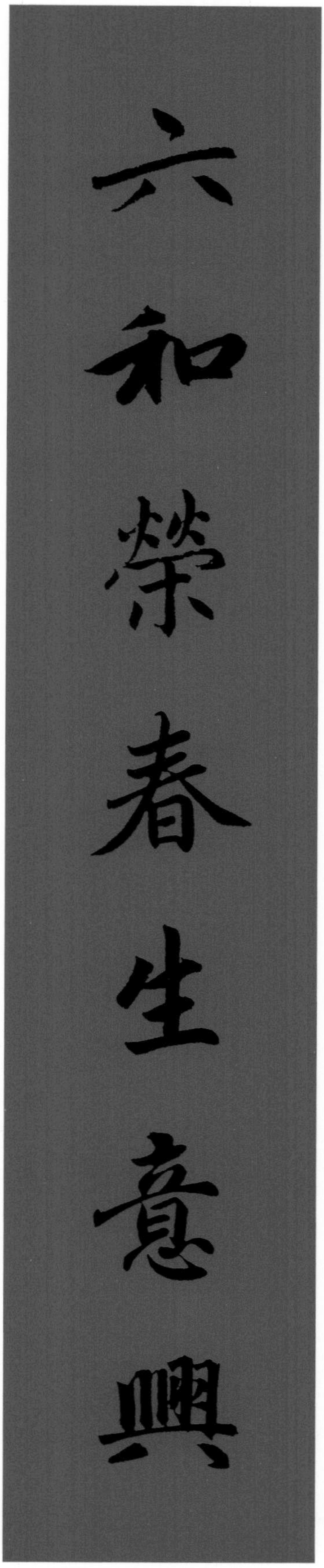


三阳开泰财源广
六和荣春生意兴

迎春接福

迎春接福

春歸華夏風雲壯

佳歲平安福滿堂

春归华夏风云壮
佳岁平安福满堂

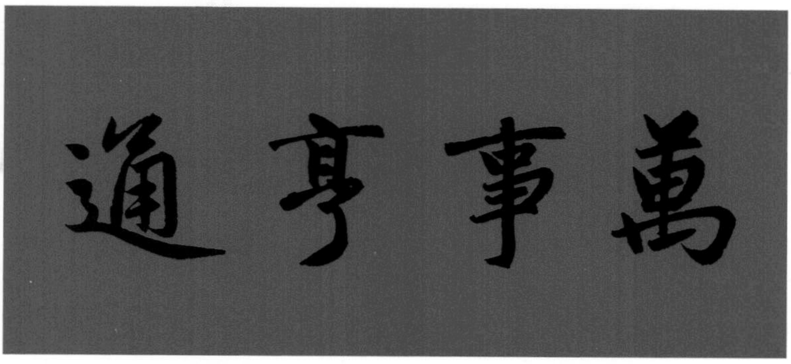


万事亨通

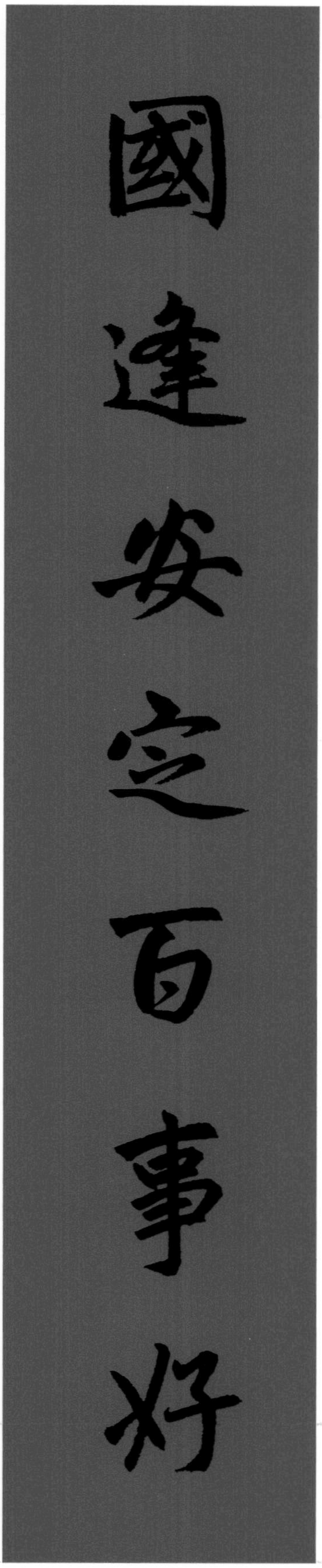


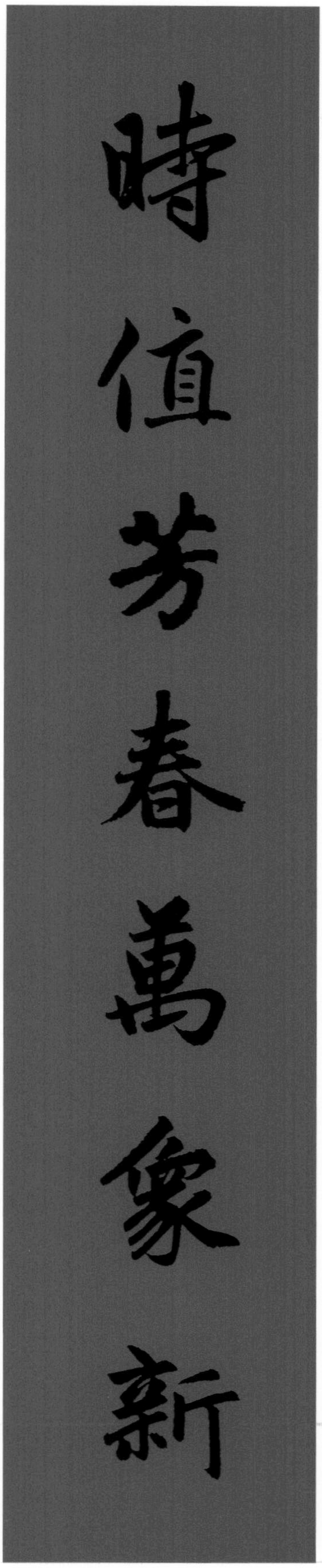


国逢安定百事好
时值芳春万象新

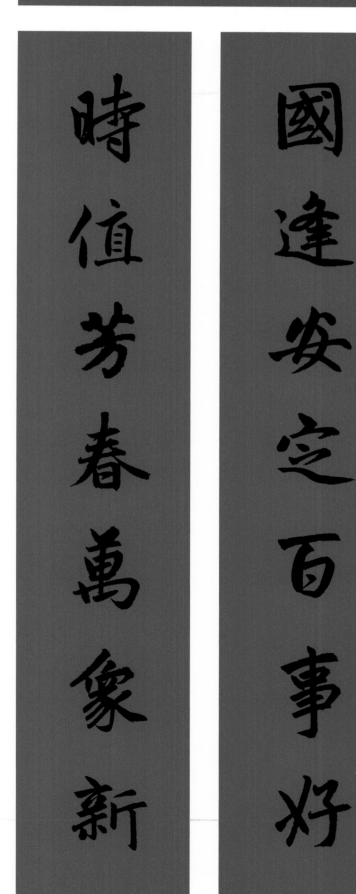

# 附：常用春联集萃

| 对联 | 横批 |
|---|---|
| 同圆中国梦<br>共庆小康春 | 华夏吉祥 |
| 邻睦风犹暖<br>家和雪亦香 | 吉祥如意 |
| 白雪迎春到<br>红联送喜来 | 岁月如诗 |
| 新政宏开中国梦<br>春阳照暖小康家 | 百福骈臻 |
| 民意求共思正道<br>党旗焕彩振雄风 | 风清气正 |
| 瑞雪迎春春日丽<br>丹心向党党风淳 | 神州壮美 |
| 国强物阜万家乐<br>政善民安百业兴 | 政通人和 |
| 锦绣河山呈瑞彩<br>和祥生活醉春风 | 春花烂漫 |
| 万里河山铺锦绣<br>九天日月庆光华 | 福满神州 |
| 东海生情天赐福<br>南山遂意岁回春 | 九域同春 |
| 春被千门含丽象<br>日升五岳起朝霞 | 山河壮丽 |
| 日出东方栖彩凤<br>春临西部驰祥龙 | 万户迎春 |

| 横批 | 对联 | 横批 | 对联 | 横批 | 对联 | 横批 | 对联 |
| --- | --- | --- | --- | --- | --- | --- | --- |
| 九域同春 | 万户千家生利福<br>四海三江庆华生 | 世泰时和 | 政明而治人间乐<br>德懿共沾门下安 | 福到门庭 | 嵯峨华岳长春景<br>昌盛神州幸福家 | 世泰时和 | 春临泫露苍生福<br>慧雨沾花大国兴 |
| 横批 | 对联 | 横批 | 对联 | 横批 | 对联 | 横批 | 对联 |
| 吉祥如意 | 梅花点点新春到<br>鼓乐声声喜讯添 | 前程似锦 | 五岭山歌传喜讯<br>三江渔唱起春潮 | 春满人间 | 门庭昌盛全家福<br>社会吉祥万事兴 | 春来福至 | 飞雪迎春千里悦<br>流云降福万家兴 |
| 横批 | 对联 | 横批 | 对联 | 横批 | 对联 | 横批 | 对联 |
| 惠风和畅 | 竹韵梅风春满地<br>纸香笔彩喜盈门 | 室雅人和 | 山欣水畅人长乐<br>言信怀虚事永和 | 诗情画意 | 有情岁月皆春色<br>得意江山若画图 | 吉祥如意 | 松风水月春心善<br>仙露明珠福运慈 |

| 横批 | 对联 | 横批 | 对联 | 横批 | 对联 | 横批 | 对联 |
| --- | --- | --- | --- | --- | --- | --- | --- |
| 人寿年丰 | 人增福寿年增岁<br>鱼满池塘猪满栏 | 万众同心 | 迎春共奏和谐曲<br>筑梦同栽幸福花 | 福满神州 | 心花早共春花放<br>福运长随国运兴 | 春满人间 | 天花合彩春无极<br>珠雨泽川善有心 |
| 横批 | 对联 | 横批 | 对联 | 横批 | 对联 | 横批 | 对联 |
| 江山如画 | 旭日一轮红玉宇<br>春风万里绿神州 | 岁月如诗 | 三春景象千般美<br>五好家庭万样新 | 幸福相伴 | 春来喜看花千树<br>福到高擎酒一杯 | 财源广进 | 牛马成群勤致富<br>猪羊满圈乐生财 |
| 横批 | 对联 | 横批 | 对联 | 横批 | 对联 | 横批 | 对联 |
| 欢天喜地 | 大鹏展翅同风起<br>新燕衔春送暖来 | 生机勃勃 | 东风不倦助航远<br>化雨无私催播忙 | 福到门庭 | 瑞日芝兰香宅第<br>春风棠棣振家声 | 福至门庭 | 春风霭霭千丛绿<br>旭日彤彤万户春 |

| 横批 | 对联 | 横批 | 对联 | 横批 | 对联 | 横批 | 对联 |
|---|---|---|---|---|---|---|---|
| 福满神州 | 年丰人寿家家乐<br>国泰民安处处春 | 喜乐春风 | 连天瑞雪千门乐<br>献岁红梅万户香 | 喜到门庭 | 几行绿柳千门晓<br>一树红梅万户春 | 春光大好 | 万户农家盈喜气<br>九州原野焕新颜 |

| 横批 | 对联 | 横批 | 对联 | 横批 | 对联 | 横批 | 对联 |
|---|---|---|---|---|---|---|---|
| 逐梦迎春 | 九夏起宏图初心如故<br>三春编彩梦丽景长开 | 春满人间 | 瑞雪红梅迎煦暖<br>丹心碧血守平安 | 杏坛和风 | 半壁诗书添丽景<br>满园桃李沐春风 | 吉星高照 | 春回大地千山艳<br>日照神州百业兴 |

| 横批 | 对联 | 横批 | 对联 | 横批 | 对联 | 横批 | 对联 |
|---|---|---|---|---|---|---|---|
| 春满人间 | 东风引紫气江山壮丽<br>大地发春华桃李芬芳 | 千祥云集 | 瑞雪伴青松江山如画<br>和风拂翠柳祖国皆春 | 天遂人意 | 瑞气满神州青山不老<br>春风吹大地绿水青山 | 福满神州 | 旭日出东方光弥宇宙<br>百花开大地春满人间 |

| 横批 | 对联 | 横批 | 对联 | 横批 | 对联 | 横批 | 对联 |
|---|---|---|---|---|---|---|---|
| 带福回家 | 辞旧迎新一路春潮滚滚<br>回乡过节九州喜气洋洋 | 守卫祥和 | 赤胆为民织小康绮梦<br>铁拳除恶护大美春光 | 路畅人欢 | 通畅八方齐追中国梦<br>平安一路高唱大风歌 | 瑞气盈门 | 春风浩荡山河添锦绣<br>华夏欢腾东风舞祥云 |
| 横批 | 对联 | 横批 | 对联 | 横批 | 对联 | 横批 | 对联 |
| 普天同庆 | 东风浩荡大江南北春光好<br>万马奔腾长城内外气象新 | 政通人和 | 惠政暖民心乐小康岁月<br>春风融国土壮大好河山 | 江山如画 | 旭日祥云灿九州花似锦<br>春风化雨新四海歌如潮 | 路顺心暖 | 东骋西驰情系千家万户<br>南来北往春融四面八方 |
| 横批 | 对联 | 横批 | 对联 | 横批 | 对联 | 横批 | 对联 |
| 春满大地 | 虎跃龙腾万里长征风光无限<br>花香鸟语九州大地春色正浓 | 国泰民安 | 问如画江山九州壮锦谁铺就<br>听由衷赞语万里春风党引来 | 国强富民 | 改革奏凯歌虎跃龙腾强盛景<br>文明开新局莺歌燕舞太平春 | 万事如意 | 福光高照花红柳绿春不老<br>乐事亨通物阜家丰岁常新 |